U0499898

杨确　彭花◎著

企业战略
与绩效管理

Corporate Strategy and
Performance Management

中国财经出版传媒集团

经济科学出版社
Economic Science Press

·北京·

图书在版编目（CIP）数据

企业战略与绩效管理／杨确，彭花著．-- 北京：
经济科学出版社，2025.3．-- ISBN 978 - 7 - 5218 - 6862 - 3

Ⅰ．F272

中国国家版本馆 CIP 数据核字第 2025BK3576 号

责任编辑：杜　鹏　武献杰　常家凤
责任校对：李　建
责任印制：邱　天

企业战略与绩效管理

QIYE ZHANLÜE YU JIXIAO GUANLI

杨确　彭花◎著

经济科学出版社出版、发行　新华书店经销

社址：北京市海淀区阜成路甲 28 号　邮编：100142

编辑部电话：010 - 88191441　发行部电话：010 - 88191522

网址：www. esp. com. cn

电子邮箱：esp_bj@ 163. com

天猫网店：经济科学出版社旗舰店

网址：http：//jjkxcbs. tmall. com

固安华明印业有限公司印装

710×1000　16 开　12.5 印张　200000 字

2025 年 3 月第 1 版　2025 年 3 月第 1 次印刷

ISBN 978 - 7 - 5218 - 6862 - 3　定价：99.00 元

（图书出现印装问题，本社负责调换。电话：010 - 88191545）

（版权所有　侵权必究　打击盗版　举报热线：010 - 88191661

QQ：2242791300　营销中心电话：010 - 88191537

电子邮箱：dbts@ esp. com. cn）

前言

在全球化竞争与数字化变革的双重冲击下，企业战略管理与绩效研究已然成为管理学领域的核心议题之一。理论与实践的交织、静态模型与动态环境的碰撞，催生了大量复杂的管理命题。本书注重系统性与现实性，旨在构建一套融合经典理论、方法工具与前沿议题的研究框架，为企业战略决策与绩效优化提供学术支持与实践指引。

本书立足于组织战略理论、资源基础观及利益相关者理论，通过跨学科视角整合经济学、社会学与管理学的研究成果，试图回应以下关键问题：首先，在不确定性、复杂性交织的时代，企业如何通过战略弹性与敏捷性实现可持续竞争优势；其次，超越财务指标的局限，如何构建涵盖社会责任、创新效能与人力资本的综合性绩效评价体系；最后，在股东价值最大化与利益相关者诉求之间，如何通过制度设计与组织学习实现动态平衡。

全书遵循"理论奠基—方法解析—实践验证—前沿探索"的递进式逻辑，共13章，可分为4部分。第1部分包括第1章，介绍了企业战略管理与绩效的基本概念、发展历程、核心要素以及在现代企业中的重要地位，为读者构建了初步的理论框架。第2部分包括第2章～第6章，深入探讨了企业战略管理与绩效的基本理论，包括企业社会责任、员工工作满意度、胜任力内涵等对企业绩效的影响机制，以及企业经营业绩对外部融资的影响和会计稳健性在融资效率提升中的作用。第3部分包括第7章～第12

章，结合大量实际案例，详细介绍了企业如何在实践中应用战略管理与绩效提升的方法和工具，包括平衡计分卡、经济增加值等先进绩效评价工具的应用，以及信息技术在企业战略管理与绩效提升中的作用。第 4 部分包括第 13 章，总结了本书的研究结论，并对未来的研究方向进行了展望，为读者提供了进一步研究的思路和方向。本书内容系统全面，适合相关领域的学生作为教材使用，帮助他们构建系统的知识体系，可以学习到如何制定和实施有效的战略，提升企业绩效，实现企业的可持续发展。

本书不仅提供了丰富的理论知识，还结合了大量的实际案例，为读者展示了如何将理论应用于实践，同时汇聚了众多专家学者的最新研究成果，反映了企业战略管理与绩效领域的最新发展动态和趋势。通过案例分析，为读者提供了切实可行的解决方案，帮助读者在实际工作中提升企业绩效。

企业战略管理既是科学，亦是艺术。本书愿为燎原之星火，引燃更多关于组织存续、价值创造与人类福祉的深度思辨。

杨 确

2025 年 2 月

目 录

CONTENTS

第 1 章

现行企业业绩管理系统介绍和论述

近年来，业绩管理体系作为人力资源管理体系中的核心部分越来越受到企业界的重视。而人力资源管理体系与企业文化体系又是集团管控体系中的重要部分，因此怎样在搞好企业生产经营的同时有效地管理企业业绩，最大程度增加企业价值、实现企业目标是现代企业管理者所要关注的问题。本章对企业业绩管理的定义、核心等方面进行了介绍，然后论述了世界领先企业目前实行的业绩管理系统，并分析其优缺点，最后得出了一些相关结论，希望能对我国的理论研究工作者和企业管理者有所启示。

1.1 问题的提出

进入 21 世纪以来，整个社会的生产结构和劳动结构发生了深刻的变化，企业的生产经营方式和价值理念也随之改变，传统的企业管理模式受到重大冲击。因此，以企业理论和管理理论为依据的业绩管理理论和方法也应该进行相应的变革。随着我国市场经济体系的发展和完善、现代企业制度的建立和规范，企业成为市场经济的主体，企业所有者、债权人、经营者、政府部门以及其他利益相关者由于各自不同的目的，迫切需要对企业业绩作出科学的管理。而目前有关理论还较少，管理体系尚不健全，比如在业绩评价中财务指标所占比重过大，反映知识资本等无形资产贡献情况的指标较少，甚至欠缺，也没有考虑将业绩评价与企业的战略以及企业可持续发展能力相结合。因此，本章对企业业绩管理进行了介绍，论述了世界领先企业主要使用的管理系统并分析其优缺点。我们必须认识到，企业的业绩管理与评价问题是任何一个经济体系中的核心问题。一个优秀的企业只有做好业绩管理，才能形成具有较强的凝聚力和活力，具有较好的团队协作意识和创新意识以及较强的抗风险能力和竞争能力的业绩管理体系是企业持续发展的源泉和动力。在科技日新月异、信息高速发展的现代社会，建立起一套完整的现代企业业绩管理体系以适应市场经济体制和现代企业制度的要求，客观公正地评判企业经营者的真实业绩，规范企业经营行为，促进企业整体长远发展，在我国市场经济的条件下具有十分重要的意义——全面、客观、系统地评价企业的经营成果和经营业绩是企业经营管理的一个重要环节，成功地进行业绩评价能够显著地改善企业的竞争力。

1.2　概念的界定

1.2.1　业绩管理定义

业绩管理是指企业管理者为达成组织目标，通过明确的绩效导向，建立必要的激励机制，引导员工产生以实现目标为核心的行为表现，以保证组织目标实现的完整的管理过程，其目的在于通过对现有绩效的考核、评价，对员工的表现进行肯定和激励，同时，通过分析找出存在的问题和差距，采取相应的措施改善和提高员工及组织效能，使企业最终获取竞争优势。业绩包括两个方面含义，即员工业绩和组织业绩。两者之间的关系是"你中有我、我中有你"。业绩管理体系的过程其实就是通过对员工业绩的管理完成对组织业绩管理的过程。因此，企业的业绩管理与企业能否获得更高的绩效是有着密切联系的，同时这也是激励全体员工共同实现目标的有效方法和手段。

业绩管理体系是一个系统工程，它涉及企业管理的方方面面。它是企业战略管理的具体实践，与企业的文化息息相关。业绩管理体系的手段是考评，业绩管理体系的核心是激励，业绩管理体系的目标是改善。

1.2.2　业绩管理概念界定

绩效考核与业绩管理是不同的。绩效考核是业绩管理这个大家庭中的一员；业绩管理的外延相对而言较宽，没有绩效考核的内涵丰富；绩效考核的结果来自被考核主体的直接工作上司；业绩管理的结果来自与被管理的主体相关的四面八方，这时管理的不仅仅是被管理的主体，而且也评价了其工作上司教导下属的能力；绩效考核的目的在于考核个人和组织的业绩情况，而业绩管理的目的在于提高企业/部门/小组和个人的业绩，完成企业最终设定的目标。

1.2.3　业绩管理步骤和核心

1.2.3.1　业绩管理的步骤

业绩管理流程具体步骤如下。

（1）战略沟通：与员工沟通企业的战略方向，达成共识。目前，国内有很多企业在制定战略规划后都不能将企业的战略意图清晰地传达给员工。缺乏有效的战略沟通非常容易导致企业各部门失去共同的方向和目标，员工工作不能从全局出发，致使企业在实施战略的过程中屡屡受阻。可见，企业对员工进行战略方向的沟通非常重要，它是管理员工业绩及公司业绩的基础。

（2）具体目标：帮助企业各部门、员工明确业绩目标。明确了战略方向后，企业应根据整体战略制定出公司层面的业绩目标，并将这个目标分解到各部门，然后各部门再将目标分解到每个员工。在制定业绩目标的过程中，平衡计分卡是经常使用的工具。

（3）考核评估：通过业绩目标考核与资质评估，向员工提供业绩结果与行为反馈。在很多人看来，考核和评估这两个词没有区别，就是同义词，其实不然。考核所针对的是业绩结果，而评估所针对的则是员工的资质水平。要想全面了解一名员工的资质水平，企业应该从多方面收集信息，可以采用360度评估方法。

（4）薪酬发展：以薪酬手段强化员工的业绩行为，并将其作为企业战略方向的一种重要沟通方式，同时运用发展手段提高员工资质。企业在对员工进行行业绩考核与资质评估后，应将相关信息反馈给员工，并提出表扬或改进建议。同时，企业还应以薪酬为杠杆对员工的业绩行为进行强化，并通过培训、晋升、岗位轮换等手段发展员工的资质。

薪酬设计时，企业管理者要秉持"薪酬就是沟通"的想法，使企业的发展战略得到薪酬与发展政策的支持，并根据企业的自身的实际情况进行不同阶段的调整。

1.2.3.2　业绩管理的核心

由业绩管理的循环可知，沟通和教练才是其真正的核心。但在实际工作中，沟通与教练也是企业管理层最容易忽略的地方。在很多企业，一年一度的业绩考核看似科学、公允，但是如果在这一年中，企业的管理者未能持续不断地与员工进行沟通与教练，企业的业绩考核往往会流于形式。

企业主管与下属之间持续不断地沟通主要能够解决三个重要问题。

第一，变"事后考核"为"过程管理"，及早发现问题，及时加以解决。可以避免企业的业绩管理目标在执行中偏离，从而确保目标的完成。

第二，请平时自我感觉良好的员工在年底与主管面谈业绩，当听到负面评价时，该员工心理上可以接受，避免其与主管发生争执。

第三，避免员工因为得不到主管的任何反馈而缺乏动力的现象发生。

1.3　现行业绩管理系统

1.3.1　预算机制

1.3.1.1　预算机制

预算机制是一种传统的业绩管理系统，它也是目前大多数企业控制机制的关键支架，用来分配企业的财务、实物及人力等资源，以实现企业既定的战略目标。

1.3.1.2　预算机制的优缺点

优点：企业可以通过预算来监控战略目标的实施进度，有助于控制开支并预测企业的现金流量与利润。它反映的是企业未来某一特定期间（一般不超过一年或一个经营周期）的全部生产、经营活动的财务计划，以实现企业的目标利润为目的，以销售预测为起点，进而对生产、成本及现金收支等进行预测，反映企业在未来期间的财务状况和经营成果。它将企业的全部行为加以整合表示为单一指标。比如，在预算系统中，一般将业绩定义为盈利能力。在一个利润中心，业绩的计量是依据收入与成本相配比的结果，预算过程就是寻求保持两个要素的平衡。在成本中心中，预算过程趋向于假定一个给定的产量水平或销售量，这时需要制定出一个合适的支出水平。为了制定预算，就需要制定计划，组织的预期目标通过这个计划来达到。在计划制定中，目标制定是预算的一个极其重要的组成部分。事实上，现代各种管理方法都或多或少带有预算管理的特征。尽管它出现的时间比较早，但在今天仍不失为一种行之有效的管理方式。

缺点：预算系统往往只注重财务指标，而忽视非财务指标的作用，造成管理人员的短期行为，比如减少研发、职工培训、设备更新改造等关乎企业长期发展所必不可少的经费，或者故意采用价廉质低的原材料，或偷工减料等。这样会使企业难以实现自身战略。

1.3.2 EVA业绩管理系统

1.3.2.1 EVA业绩管理系统基本内容

EVA（economic value added）业绩管理系统，又称经济增加值业绩管理系统，是由美国斯腾斯特咨询公司（Stern Stewart & Co.）于1982年提出并实施的一套以经济增加值理念为基础的业绩管理系统。它是基于税后营业利润和产生这些利润所需资本投入总成本的一种企业业绩财务评价方法。公司每年创造的经济增加值等于税后净营业利润与全部资本成本之间的差额。从算术角度来说，EVA等于税后经营利润减去债务和股本成本，是所有成本被扣除后的剩余收入（residual income）。EVA是对真正"经济"利润的评价，或者说，是表示净营运利润与投资者用同样的资本投资其他风险相近的有价证券的最低回报相比，大于或者小于后者的量值。

EVA ＝税后净营业利润（NOPAT）－资本成本

＝税后净营业利润（NOPAT）－资本总额×加权平均资本成本率（WACC）

其中，资本成本是债务成本和股权成本的加权平均，反映了资本所有者对资本所期望的回报要求。

1.3.2.2 EVA体系的优势和局限性

优势：

（1）考虑了权益资本成本，真实反映企业经营业绩。EVA和会计利润有很大的区别，EVA是公司扣除所有资本成本之后的剩余利润，而会计利润没有扣除资本成本。股权资本成本是机会成本，而并非会计成本。考虑资本成本是EVA指标的一大特点和最重要的方面。只有考虑了权益资本成本的经营业绩指标才能反映企业的真实盈利能力。那些盈利少于权益机会成本的企业的股东财富实际上是在减少，只有企业的收益超过企业的所有资本成本，才能说明经营者为企业增加了价值以及为股东创造了财富。EVA指标可以提醒我们，债务也好，股权也罢，所有的资本都是有成本的，扣除所有成本之后的那部分才是真正的盈余。EVA指标会防止一些公司出现"数字"上的业绩水分和利润虚高，让"数字"真正回归自己，显示它真正的功能和作用，让我们了解公司价值升降的真实情况。

（2）尽量消除会计失真的影响。传统的评价指标，如会计收益、剩余收益是在公认会计准则（GAAP）的标准下计算而来的，因此都存在某种程度的会计失真，从而歪曲了企业的真实经营业绩。而对于EVA来说，尽管传统的财务报表仍然是信息的主要来源，但它要求在计算之前对这些信息进行必要的调整，从而能够更加真实而完整地评价企业的经营业绩。

（3）将股东财富和企业决策联系在一起。EVA指标有助于管理者将财务的两个基本原则融入经营决策中：企业的主要财务目标是股东价值最大化；企业的价值依赖于投资者预期的未来利润能否超过资本成本。根据EVA的定义可知，企业EVA业绩持续增长意味着股东财富的持续增长。所以应用EVA有助于企业作出符合股东利益的决策，如多元化经营的企业可以利用这一指标决定在其各个不同的业务部门分配资本，防止因使用会计利润和投资报酬率指标而导致的资本配置失衡。

（4）注重企业的可持续发展。EVA不鼓励以牺牲长期业绩为代价来夸大短期效果，而是着眼于企业的长远发展，鼓励企业经营者作出长远的投资决策，如新产品的研究和开发、人力资源的培养等，因为在知识经济时代，以知识为基础的无形资产将成为决定企业未来现金流量与市场价值的主要动力，劳动不再是以成本的形式从企业的收入中扣除，资产不再是企业剩余的唯一分配要素，人力资本将与权益资本和债权资本一同参与企业的剩余分配。

局限性：

（1）计算EVA时所进行的必要调整可能并不符合成本效益原则。EVA倡导者认为，为了消除会计信息的失真，必须对有关会计信息进行调整，而且调整的数量越多，计算结果就越精确。到目前为止，计算EVA可做的调整已有160多项，这样就大大增加了计算的复杂性和难度，从而妨碍了

EVA 的推广和应用。同时，在对会计信息进行调整后发现，剩余收益指标能够像 EVA 指标一样解释股票报酬中相同的变化。因此，可以认为，在计算 EVA 时对营业利润和投资资本进行必要调整并不符合成本效益原则。

（2）EVA 受规模差异影响。EVA 是一个绝对数指标，因此受到投资规模的影响而只能用于衡量效益，不能用于衡量效率。一般而言，规模较大的公司相对于规模较小的公司能够创造更多的经济附加值，因此，EVA 不能有效地控制公司之间的规模差异因素对评价结果产生的影响。

1.3.3　平衡计分卡测评法

1.3.3.1　平衡计分卡简介

平衡计分卡（the balanced score card，BSC）是由哈佛商学院罗伯特·卡普兰（Robert Kaplan）和诺朗诺顿研究所所长（Nolan Norton Institute）、美国复兴全球战略集团创始人兼总裁戴维·诺顿（David Norton）于 20 世纪 90 年代初所从事的"未来组织绩效衡量方法"的一种绩效评价体系，是根据企业组织的战略要求而精心设计的指标体系。它由四部分组成：财务、客户、内部经营过程、学习和成长。它不仅是一个指标评价系统，而且还是一个战略管理系统，因为它以企业的长期战略目标为中心，从四个方面展开，每个方面包括三个层次：一是期望达到的若干总体目标；二是由每个总体目标引出的若干具体目标；三是每个具体目标执行情况的若干衡量指标。其如同金字塔式的网状结构，把企业为实现长期战略目标而制定的所有目标和指标系统地结合在一起，从而形成一个企业实现长远目标的程序规划。

1.3.3.2　平衡计分卡基本理论

平衡计分卡认为，传统的财务会计模式只能衡量过去发生的事情，但无法评估企业前瞻性的投资。在工业时代，注重财务指标的管理方法还是有效的，但在信息社会里，传统的业绩管理方法并不全面，企业必须通过在客户、供应商、员工、组织流程、技术和革新等方面的投资获得持续发展的动力。

1.3.3.3　平衡计分卡基本内容

平衡计分卡测评法使企业经理能从四个不同的角度来观察企业：财务、客户、内部经营过程、学习和成长。他们可以从上述四个角度选择数量有限的关键指标（见表1－1），从而将自身的注意力集中到企业长期战略上来。具体做法是将四个角度赋予不同的权数，再给予每个角度中的指标以不同的权数，然后进行加权平均，最后根据加权得分来评价业绩。一套平衡计分卡测评法能否成功的关键在于管理者是否可以通过它来全面地了解企业，并认清企业未来的竞争战略。具有不同市场地位、产品战略和竞争环境的企业要求有不同种类的平衡计分卡，这样才能使之与企业自身的目标、战略、技术与文化相符。因此，企业经理需要根据自身情况将企业战略和目标转化成具体的测评指标，来设计具有本企业特色的平衡计分卡。

表1－1　　　　　　　　　　　　　平衡计分卡四部分举例

财务角度	内部经营过程角度	客户角度	学习和成长角度
投资报酬率	设备利用率	顾客满意度	知识水平
存货周转率	返工率	市场占有率	员工满意度
现金流	安全生产指数	产品质量等级率	员工学习与培训
其他盈利性指标	产品生产周期	退货率	研发费增长率

1.3.3.4　平衡计分卡的优点和局限性

优点：

（1）它有利于企业管理者全面了解并管理企业业绩。随着国内外竞争的加剧，买方占市场主导地位，企业要想在激烈的市场竞争中占得优势，需要从内外环境入手，从市场需要出发，以长远的战略眼光在市场、人才、产品开发、产品质量等方面投入资金。但传统的财务指标已不适应这种要求，而平衡计分卡在财务指标的基础上引进了非财务指标，从而可以全面地评价和管理企业业绩。

（2）它有利于企业管理者作出长远决策。随着信息化时代的到来，科学技术飞速发展，产品更新换代的速度越来越快，为适应市场的快速发展，企业必须把握未来，制定长期的发展战略。平衡计分卡从四方面评价企业业绩，能避免单独使用财务指标给企业带来的误导。比如，企业知道提高信息系统水平和员工素质的重要性，但当有财务压力时，就可能对此考虑较少，而平衡计分卡四方面的关系却能使管理者看到其与实现企业长期目标之间的联系。同时，研究表明，客户的满意度与企业的长期财务业绩有很强的相关性。

（3）它有利于企业管理者及时、准确地发现问题。财务指标一般期末才能看到，同时，由于折旧方法的选用等人为因素的干扰，信息的及时性和客观性大打折扣。而平衡计分卡因为包含了许多非财务指标，提高了信息的及时性和客观性，将这种事后考核变成了过程管理。另外，非财务指标还能反映导致财务指标变动的深层次原因，如利润的增加，从财务指标上只能看见数字增加，却不知道原因，而从非财务指标中就能清楚地了解到是由于本身产品质量上升等内部原因，还是由于竞争对手退出等外部原因造成的利润增加。因此，平衡计分卡使人们在总结时，不仅仅是对数字增减变动的考虑，而是能够更多地考虑数字背后的战略方法。

局限性：

（1）指标的创建和量化。一方面，不同的企业经营目标不同，对于其非财务指标的设置及主次关系也不同，这就需要企业在探索中进行不断的调整和总结；另一方面，有些指标虽然重要但很难量化，如员工受激励程度方面的指标，需要收集大量信息，并经过充分的加工后才有实用价值，这对企业信息的传递和反馈要求很高。

（2）实施成本。平衡计分卡要求企业从上述四个方面考虑企业战略目标的实施，并为每个方面制定详细而明确的目标和考核指标。它的制定和实施需要企业全体成员的参与，每个部门、每个人都要有自己的目标，因此，企业要为此付出较大代价。

第 2 章

文献回顾与理论基础

2.1　国内外文献综述

2.1.1　现行企业业绩管理系统

2.1.1.1　国外研究现状

西方（欧美）业绩评价体系的发展是随着企业生产经营及所处外部经济环境和内部管理要求的变化而不断发展变化的。关于西方业绩评价体系的发展演变有很多不同看法，目前主流观点认为，西方（欧美）国家企业业绩评价体系大致经历了三个阶段。

（1）以简单成本和标准成本为代表的早期的成本业绩评价阶段（19 世纪初～20 世纪初）；

（2）以投资报酬率为主要内容的美国杜邦财务分析体系和亚历山大·沃尔提出的综合比率评价体系，即以沃尔比重法为代表的传统的财务业绩评价阶段（20 世纪初～20 世纪 70 年代）；

（3）以经济增加值 EVA、平衡计分卡 BSC 为代表的现代综合业绩评价阶段（20 世纪 80 年代至今）（万从颖，2007）。

有学者认为 EVA 通过提升企业管理人员的管理能力进而推动企业实现利润的最大化，并使用案例进行验证（Anna Bluszcz et al.，2016）。研究指出平衡记分卡可以让酒店经理更加了解他们服务的哪些方面（客户、员工或流程）正在影响酒店的财务和可持续发展绩效，并作出适当的战略决策（Fatima and Elbanna，2023）。随着绿色可持续理念的推进，王和刘（Wang and Liu，2022）提出一个评估框架，即绿色可持续性平衡计分卡（GSBSC）作为创建可持续战略的参考，并增加了一个绿色作对象，以扩展平衡计分卡的理论发展。

2.1.1.2　国内研究现状

相对于西方国家而言，我国企业业绩评价体系的研究比较晚，重视程度也不够。直到市场经济体制的建立，企业才逐渐认识到业绩评价的重要性。我国许多学者也开始对这方面的研究给予了极大的关注，并积极开展了企业业绩评价体系的研究，形成了多个研究视角，为我国企业业绩评价理论的发展提供了丰富的素材。王铭泽（2024）认为，将平衡计分卡引入企业业绩评价体系中，不仅能够重视非财务指标的作用，还能起到战略管理的功能，对企业的战略实施和可持续发展起到重要作用。于素月和随敏（2019）认为传统的业绩评价体系更多着眼于传统利益的获取，无法反映出企业的真实价值，且由于其评价体系多违反会计准则的规定，存在失真风险，而 EVA 是根据财务报表相关项目进行调整并考虑企业全部资本成本等进行评估得出，因而更加重视资本运用效率，并在一定程度上剔除了失真的风险，可以更好地应用于企业业绩评价的过程。但是，我国企业业绩评价的研究还处在介绍国外业绩评价理论与方法的阶段，尚未建立成熟完善的企业业绩评价体系。国内对于业绩评价的实践方面的运用，一直是以政府部门颁发的相关政策文件为参考标准。

2.1.1.3 文献述评

综上所述，不论是国内还是国外，对于企业业绩管理的大量研究表明了业绩管理对于企业乃至整个经济市场的重要性。国内外对于业绩管理内容的研究对整个国际社会的经济发展发挥了十分重要的作用。国外在这方面的研究比我国早，研究内容也更加深入具体。我国在研究业绩评价与管理方法的过程中，为了从多个角度、多方面进行分析，可以从国外的研究成果中借鉴经验，学习其他国家在企业业绩评价及管理研究方面的先进之处，同时也要剖析国际领先企业案例中存在的问题和弊端，取其精华，去其糟粕，以此来推动我国的业绩评价体系的建立和完善，促进我国企业的长远发展。

2.1.2 企业经营绩效评价研究

2.1.2.1 国内研究现状

在我国，基本上是由政府决定国有企业的经营绩效评价。从方法上来看，可分为两类，一类是在计划经济体制下，国家作为国民资产的代言人，由政府作为国家代表，对企业进行直接控制，自主经营的权利并不在于企业，其经济运行完全服务于国家计划。因此，国有企业的考察制度的重点应主要为经济增长速率，以工业总产值的计划完成情况及其增长速度为基本指标来对企业进行考核。另一类是在市场经济为主体中，企业渐渐成为市场主体，自主经营、自负盈亏，国家不直接干预。所以经营绩效评价侧重也渐渐从向财政相关绩效评价转移，开始看重企业经营的质量与效率。而我国与国际社会相比而言，对于国有企业绩效评价方面的研究太少，能够影响国际社会的方法理论还并不存在。但从积极角度思考，我国在这方面的研究虽然结果少起步晚，但是进展很快，而且在之前已经有足够多的理论体系可以进行研究学习，只要能够将这些前人的思想和我国特色社会主义市场经济进行有机结合，那么我国的绩效评价研究一样可以比肩国际社会。

李玉娟和任雪姣等（2025）以 2009～2022 年在沪深 A 股上市，且进行海外直接投资的中国公司为研究样本，分析非控股大股东治理对企业高质量发展的影响，论述了企业大股东对企业经营绩效带来的影响，并针对股权集中度的不同分析对大股东退出威胁带来的影响。他认为股权集中度更高时，非控股大股东退出威胁对"走出去"企业的正面作用被减弱，且对非国有性质的企业经营绩效的提升作用更显著；对于"走出去"企业而言，要通过建立良好的信息披露渠道、优化其内部股权结构等方法促进企业经营绩效的提升；政府也应积极完善相关海外信息共享平台和投资促进政策，带动企业的进一步发展。

朱清香（2021）对新发展格局下企业绩效评价存在的问题进行分析，并从制度安排、组织体系和价值导向三个层面提出优化方案。他认为已有研究对于企业绩效评价的战略导向缺乏统筹与前瞻性判断，资本意识欠缺等问题，新发展格局下，企业的绩效评价要更加注重完善绩效评价指标体系，与企业实际发展情况相结合；同时将企业社会责任、科技创新和绿色发展融入绩效评价体系当中，助力企业的可持续、高质量发展。

陈少晖和陈平花（2020）主要分析了国有企业并购重组对企业绩效带来的影响，采用超效率 DEA 模型和 Malmquist 指数分析法对涉及的样本国有上市公司的绩效作出实证性评价，研究结论显示，大多数国有企业并购重组的 DEA 指标未达到理想状态，且从 Malmquist 指数的结果来看，并购后的企业全要素生产率并未得到提升，出现这种结果的原因在于生产技术及经营管理的落后。因此，他们建议，企业在进行并购重组的过程中要进行科学合理的规划，避免盲目地追求规模经济，而是要实现资源的合理配置和有效整合；此外，要通过并购重组实现企业经营管理能力提升，对双方的资源进行有效整合；同时加强研发条件和人才队伍的提升，推动科技成果的转换和绩效的提升。

刘晓婷（2020）基于国企改革的背景，探究了企业创新和相对绩效评价的关系，她在研究中指出，"创新驱动发展战略"和"激励约束机制"成为当前国企改革中不容忽视的重点，有效的激励约束机制可以有效反映经营者的管理贡献。实证研究结果显示，研发投入对企业绩效的影响存在滞后期,在滞后两年时才会产生显著的促进作用。因此,就企业而言,需要制定研发政策并规范研发管理,提升研发效率;此外,要将创新绩效纳入管理层考核标准,以此鼓励管理层实施创新战略,同时也能抑制管理层的短视行为。

柳学信和苗宁柠(2018)的研究回顾了中国国有企业绩效评价体系40年的发展历程,将其划分为单一型绩效评价、综合型绩效评价、价值型绩效评价和分类绩效评价四个阶段。并且指出当前绩效评价存在诸如制度体系不健全、考核目标值确定不科学、缺乏长期战略性以及监督形式化等问题,并提出了加强制度建设、完善目标值确定方法、完善评价指标体系和积极发展价值评价等政策建议。

李春瑜(2025)的研究发现,国有企业特色治理能够有效提升企业的绿色绩效,主要通过加大绿色投入、促进绿色产出和提升绿色管理三条路径实现。然而,尽管特色治理在促进企业减排方面效果显著,但在推动绿色创新方面的作用并不明显。进一步分析表明,在绿色绩效向企业整体绩效转化过程中,国有企业特色治理的调节作用并不显著。研究结果强调了国有企业特色治理在推动绿色发展中的重要性,以实现企业高质量发展。

陈其安和张国宏等(2024)围绕混合所有制国有企业公益性职能与所有权结构对经营绩效的影响展开研究。文章指出既有研究对企业社会责任与企业绩效之间的关系尚未达成一致结论,存在负相关、正相关、无显著关系以及门槛效应等多种观点。研究结果显示国有企业承担的公益性职能将对其经营绩效产生显著负向影响,强化非国资股东对国有企业的实质性公司治理参与度和提高国资股东与非国资股东的股权融合度都能够显著提升国有企业经营绩效;可以通过优化股东所有权结构提升国有企业经营绩效。

曹艳容和齐红玉等(2023)从企业异质性差异和激励契约要素特征维度,探究国企实施股权激励对国企绩效的影响。研究发现,实施股权激励能够通过降低代理成本促进企业绩效,且在中央企业以及知识和技术密集型行业更加显著;进一步分析发现,股权激励间隔和激励强度与国企绩效之间存在倒"U"型关系。

2. 1. 2. 2   国外研究现状

国外的绩效评价理论体系有霍尔的四尺度法、克罗林和林奇的等级制度法、卡普兰和诺顿的平衡计分卡以及默顿·米勒和弗兰克·莫迪利亚尼的经济增加值法等。

丹尼尔·A. 雷恩（1996）发表了关于企业绩效评价理论关于成本评价的文章，他认为，只有摸清了一家企业内部的生产效率，才能做到节约控制成本、提高生产效率。

亚历山大·沃尔（1932）史无前例地提出了新的观点：信用能力指数，即通过资产净利率、销售净利率、净值报酬率、自有资本比率、流动比率、应收账款周转率和存货周转率七个财务指标评价企业的盈利能力和偿债能力。

莫迪尼亚尼和米勒（1950）提出了 MM 资本结构理论，首次应用更为科学且严格的方法探究资本结构与企业价值的联系。

美尼斯（1971）通过分析大量的国际公司的经营绩效评价指标发现，投资报酬率是被使用最多的绩效评价指标，这一发现证明了杜邦评价法的科学性，同时也表明了投资者对投资回报的关注度十分高。

伦德尔和瓦穆斯（2013）基于斯洛伐克企业的实证数据构建提出了一个包含五个层级（混乱、不足、可接受、高、卓越）的创新绩效评估体系，引入了创新绩效指数（IPI），通过计算各关键创新要素的权重和绩效表现，量化企业的创新水平。以帮助企业识别创新活动中的不足并提出改进建议。

科塔尼和梅林（2017）通过研究拉脱维亚交通运输和仓储服务领域中小企业（SMEs）的业务绩效评估实践发现，依赖财务指标进行绩效评估的方法存在局限性，无法全面反映企业的真实状况，并进一步建议要结合非财务指标以提高绩效评估的客观性。

随着人工智能技术的发展，谢弗斯和布吉奥克斯（2024）的研究认为，可以通过利用 AI 来预测事件发生的可能性，进而提高决策效率，通过降低库存成本、提升企业现金流等方法来提升企业绩效。

2.1.2.3　文献述评

总体上看，国外研究无论是在理论上还是在实践中，起步时间都比国内早很多。因此，其理论体系更加严谨，实践经验也比较丰富。虽然我国针对国有企业经营绩效评价方向上也开始重视起来，但存在起步晚、实践少的缺陷，因此，总会有一定的不足。总体来看，国内的研究方法多为以国外学者的企业绩效评价方法为基础，进行改良和综合，但事实上还并没有研究出适合中国特色社会主义经济下的经营绩效评价体系。

2.1.3　企业社会责任和企业绩效的相关分析

2.1.3.1　国内研究现状

国内关于企业社会责任与企业绩效的研究经历了由理论研究转向实证研究的过程，国内学者对两者关系的研究起步较晚。我国对企业社会责任的研究始于 20 世纪 80 年代，吴克烈（1989）从企业、社会和责任三个范畴对企业社会责任进行了初步探析。经过我国学者坚持不懈地研究，并在借鉴西方研究方向和研究方法的基础上，将企业社会责任与企业绩效之间的关系分为五类：两者之间呈正相关；两者之间呈负相关；两者之间并无关系；两者之间存在曲向相关；两者之间的关系存在其他因素的影响。

汤临佳和王龙宇等（2024）基于制度理论和关系网络视角，探讨了民营企业慈善捐赠本地偏好对企业绩效稳定性的影响。研究发现，民营企业通过本地慈善捐赠能够有效构建良好的本地政府关系和社区关系，降低政策不确定性，从而提升绩效稳定性。此外，企业数字化水平和 CIO 岗位设置能够增强信息传递效率，进一步提升慈善捐赠本地偏好对绩效稳定性的正向影响，为推动民营企业的高质量发展提供相关启示。段思凡（2016）通过面板回归发现企业承担社会责任对企业绩效有显著的正相关影响。董淑兰（2015）以企业生命周期理论、利益相关者理论为基础，对不同生命周期履行社会责任与绩效的关系进行实证分析。研究表明：企业在初创期更好地承担对消费者、政府的社会责任，在成长期更好地承担对投资者、员工、政府的社会责任，在成熟期更好地承担对员工、政府、公益群体的社会责任，在衰退期更好地承担对消费者的社会责任均有利于提升企业绩效。王怡（2022）进一步通过分析社会责任在不同生命周期阶段对企业绩效的作用发现，社会责任对成熟期企业的经营绩效有显著正向影响，而对成长期和衰退期企业的影响较弱。结果同时显示出适度的社会责任投入有助于提升绩效，但过度投入可能带来负面影响。

王大中和武凯文（2014）认为短期内企业的社会责任投入对绩效存在显著的负效应，我国国有企业承担额外的社会责任负担是导致其绩效低下的一个重要原因；李建生（2011）认为企业前期社会责任与企业后期财务绩效呈负相关关系。

除了对上述几大类关系的研究外，一些学者也从其他的方面来考虑两者之间的关系。例如，受西方经验的影响，一些学者认为企业社会责任和企业绩效的关系受到一些中介变量的影响，例如组织学习、客户感知、薪酬差距等（程云喜等，2015；黄晓治等，2015）；傅鸿震等（2014）一些学者则研究企业的社会资本、企业的商务模式等对企业社会责任和企业绩效的关系影响。

2.1.3.2　国外研究现

1924 年，谢尔顿（Sheldon，1924）首次提出企业社会责任，指出企业不应该仅以生产商品和追求经济利益为目标，还应该提高道德意识，关注其他受其影响的群体利益，履行社会责任。1979 年，卡罗尔（Carroll，1979）指出企业社会责任包括经济责任、法律责任、伦理责任和慈善责任四个层次。

关于企业社会责任与企业绩效之间的关系学者们已经讨论了 30 多年，但研究结果却并不相同。马格里斯和瓦利史（Margolis and Walsh，2003）、斯普瑞特和达莫德尔（Suprit and Damodar，2010）的研究得出两者之间呈正相关的结论；马克里（Makni，2009）认为企业社会责任与企业绩效之间存在负相关关系；塞奥娜（Soana，2011）却发现了两者之间不存在相关关系；巴内特（Barnett，2012）认为两者之间存在曲向相关关系；有些学者则认为存在一些中介变量影响两者的关系，拉玛沙米、杨和奥（Ramasamy，Yeung and Au，2010）认为组织学习和客户感知在企业社会责任对企业绩效的正向影响中起完全中介作用；米切丽莉和菲奥伦蒂诺（Michelini and Fiorentino，2012）则认为商务模式对两者的关系也有一定的影响。

纵观国外主要研究不难发现，无论是从企业社会责任评价方法还是从财务绩效评价体系上看，国外的研究都日趋成熟，日渐丰满。

2.1.3.3　文献述评

自企业社会责任的概念被提出以来，一直是学界关注的热点话题。企业社会责任与企业绩效的关系是企业界和学术界都非常关心的一个现实问题，纵观国内外研究，都没有得出一个令人信服的结论。从辩证角度来讲，企业对社会责任的履行以及对经济绩效的提升有着重要意义，所以，企业应结合利益者的不同需求，在承担社会责任方面呈现出多元化特征。而经济绩效的提升应能够为企业承担相应的社会责任提供有力支持，企业获得的效益越多，履行社会责任的能力也就越大。因此，两者的关系应结合实际情况进行具体分析。

2.1.4　员工满意度与工作绩效的关系研究

2.1.4.1　国外研究现状

企业员工的工作满意度与工作绩效作为对企业的发展和成长有着重要影响的因素，一直都是管理学者和管理实践者们研究和探讨的重要对象。在国外研究中，首先由哈帕克（Hoppock，1935）提出工作满意度的概念，他认为工作满意度是指员工在心理上、生理上，对工作环境与工作本身的满意感受，也就是工作者对工作情境的主观反应。之后，有许多学者以这种概念为基础提出各自的看法。威尔姆（Vroom，1964）认为工作满意度是泛指员工对本身在组织中所扮演角色的感受或情绪性反应，但这种概念并未针对工作内容本身，而是对与工作相关范围的整体感受。史密斯、肯德尔和胡林（Smith，Kendall and Hulin，1969）则认为工作满意度是工作者对于工作中各个构面之因素的情感性反应，即工作者在特定工作环境中实际获得的报酬与预期应得价值之差距，若差距越小，满意程度越高；反之，差距越大，则满意程度越低。他基于理论观点认为，对工作满意度的了解是探究人类行为态度的极佳机会。

1982年，学者布勒多恩（Buledorn）在研究中发现，企业如果能够让员工满意，需要在公平公正的基础上设置晋升方案。1987年，学者亚历山大和瑞德曼（Alexander and Ruderman）在研究中发现组织公平与工作投入和工作满意度有显著相关，尤其是程序的公平。1996年，学者唐和鲍德温（Tang and Baldwin）在研究中发现分配公平与薪酬满意度显著正相关。2001年，学者游禾和普斯特（Yohei and psecort）在研究中发现工作满意度主要与程序公平显著相关。

韦斯勒和于克雷（Wexley and Yukl，1977）提出了决定工作满意因素假设，他认为，工作者了解"期望的工作环境"与"实际的工作环境"之间的差距有助于提升员工的工作满意度；期望的工作环境与个人需求、价值观、个人的特性、与社会的比较、参考群体的影响及早期的工作经验有关联性。而实际的工作环境则由补偿、报酬、管理方式、工作本身、工作伙伴、工作安全及升迁机会所决定。

乔治（Judge，1999）考虑到员工是一个单独个体这一因素，提出其自我评价是从控制力、自尊及情感稳定性等方面来进行衡量的，而其对于工作满意度的影响主要是通过直接影响和间接影响相互结合起作用的。直接影响一般源于员工的自我评价，通常情况下，如果自我评价积极，则其会对所处环境也给予积极的评价。而间接影响指的是个体的自我感觉会影响到其工作态度。换言之，个体对自我抱有积极的想法，则会对工作给予积极的评价，便享有愉悦的心情，也更易促使工作满意度提升，同时也更易感受到工作中其他的积极因素。

吉布森、伊凡雪维奇和唐纳利（Gibson，Ivancevich and Donnelly，2000）认为，影响一个人工作绩效的因素有社会环境、工作内容的直觉及员工个别差异，即员工的缺席率、工作的异动与个人的行为，例如，是否离职、健康问题、生活压力、工作的自主性、多样化和责任心、薪酬状况以及与同事之间的人际关系等均会影响工作绩效的结果。

有学者指出工作满意度对临时组织中的任务绩效有显著正向影响，且组织临时性可以发挥调节作用，其对工作满意度和任务绩效的关系产生了负向调节（Goetz and Wald，2024）。

有学者通过问卷调查研究了建筑行业中不同工作满意度维度对合格员工工作绩效的影响。研究结果显示不同员工群体的工作满意度和工作绩效存在显著差异，工程师/建筑师的工作满意度和绩效最高，而熟练工人最低。其中，"工作量条件"是所有三类员工工作绩效的唯一强预测因子，此外，不同员工群体的工作满意度维度对工作绩效的影响存在显著差异，这表明企业可以通过针对不同群体的特定需求制定策略来提高工作绩效（Egemen，2024）。

有学者基于工作—环境契合理论，研究工作不匹配对博士研究人员薪酬、工作满意度和绩效的影响。结果显示，工作不匹配显著影响薪酬和工作满意度，且通过薪酬和工作满意度对研究绩效和专利绩效产生间接影响，工作不匹配能通过影响薪酬和工作满意度，最终对博士研究人员的绩效产生负面影响，强调了在高技能人才管理中，应注重工作与个人能力的匹配，以提升工作满意度和绩效（Kim and Choi，2018）。

2.1.4.2　国内研究现状

在国内学者研究主要探索中西方文化差异下针对我国不同企业和组织探索员工满意度的影响因素和构建模型。对于员工满意度的定义的理解，我国学者主要持有差距性的观点和多层构架的观点，最具代表性的是，徐光中在 1977 年的研究中，将工作满意度从三种角度进行界定。一是概括性定义，即工作满意度是整体意义上的满意度，是员工对所有工作角色的感知反应；二是差距性定义，即员工在一定的工作环境中，所实际获得的价值与预期应获得的价值差距，当两者间的差距越小，满意程度就越高；反之，则满意程度越低；三是参考性定义，是指根据工作本身的准则和其他主观准则理解工作本身特征的程度。梁玲（2011）认为员工满意度可以从员工角度来认识企业的核心能力，从而提高员工士气和企业经营的业绩。由于文化差异，对于员工满意度影响因素，国内外还是有很多差异的。洪钜滢（2011）通过对企业员工进行调研，发现分配公平、相互作用公平、工作紧张等因素是员工的满意度的主要影响因素。舒晓丽和王娜（2019）发现工作满意度也能正向预测工作绩效，高满意度的员工，会有更强的工作动机，更积极的工作行为，从而表现出更好的绩效。

马媛（2013）以河北省某市的公务员作为研究对象发现，年龄、性别、婚姻、学历、工龄、行政级别对工作满意度具有不同程度的影响。宋萌、陈翌莳和秦丹妮（2014）基于性别角色框架，研究了领导性别、风格与员工工作满意度之间的关系发现，领导者个人性别风格的差异可以对员工工作满意度造成显著影响。

于潇和陈世坤（2019）以城乡劳工作为研究对象，研究收入和公平感对其工作满意度的影响，研究结果显示提高收入对农业户籍劳工的工作满意度的影响显著，而公平感的提升则对非农户籍劳动力工作满意度的影响更显著。杨玉梅和李梦薇等（2017）以北京事业单位工作人员为研究对象，对薪酬公平感的中介作用进行研究发现，内部薪酬公平感在薪酬对工作满意度的影响中起完全中介作用，在福利、工作与生活平衡、绩效认可、职业发展对工作满意度的影响中起部分中介作用。

冯贤贤和郑强等（2017）基于劳动密集型行业的 ERP 系统的采用和员工满意度及工作绩效的关系，研究表明，ERP 系统形成了清晰明确的考核指标，推动管理制度的明确化和公平化，对员工工作满意度和工作绩效有显著的正向影响。张倩和李恩平（2019）研究指出组织公平对工作满意度存在显著影响。王军和韩晓宁等（2020）研究了工资报酬的公平与工作满意度之间的关系，以新闻工作从业人员作为研究对象发现：在工资报酬公平感知方面，多数新闻从业者认为媒体机构内部以及机构有之间存在着工资报酬不公平现象。而从业人员工资报酬的公平感知相比实际获得的报酬，对其工作满意度有更大的影响。李文勇和谭通慧等（2019）研究以组织环境及导游个体差异为基础，以西藏导游为研究对象，探讨组织公平、自我建构对西藏导游工作满意度的影响关系，研究发现：分配公平、程序公平、互动公平对工作满意度的负向影响关系中起调节作用。同时，互动公平对依存型自我建构的导游更有利于调节工作家庭冲突对工作满意度的负面影响。

2.1.4.3　文献评述

总结以上的说法，每次研究的背景、研究目的不同，对员工满意度的定义也就不同。本书的主要目的是寻找影响员工满意度的关键因素，并根据研究结果为企业提供具体可行的对策。所以本章引用张平和崔永胜提出的综合性定义，只研究员工对工作本身和工作环境的态度，不对员工满意度的形成原因和过程进行深入研究。

2.1.5　胜任力内涵与人力资源绩效的关系

2.1.5.1　国外研究现状

麦克利兰（McClelland，1973）对胜任力的含义进行过专门研究，认为传统的学术能力和知识技能测评并不能预示工作绩效的高低和个人生涯的成功，提出用胜任力取代传统智力测量，把胜任特征划分为知识、技能、社会角色、自我概念、特质和动机六个层次，试图找出那些成绩优秀者和绩效平平者之间差异的最显著特征。

舒勒和沃克尔（Schuler and Walker，1990）在战略人力资源管理（SHRM）中以系统整合为导向，将企业人力资源管理、组织目标和组织战略管理过程联系起来，强调通过组织内外各种管理要素间的协调与契合，最终实现组织战略目标。人力资本是存在于人体之中的具有经济价值的知识、技能和体力（健康状况）等质量因素之和。人力资源管理是一个由各个子系统在企业组织中协同发挥作用的整体，整个企业组织必须依赖于人力资源管理系统职能的发挥，实现各直线管理部门之间的相互作用与相互配合，从而达成组织目标。

博亚特兹（Boyatizis，1982）在《胜任的经理：一个高效的绩效模型》

一书中提出了胜任力洋葱模型，该模型由内至外说明了胜任力各个构成要素逐渐可被观察和衡量的特点。由外至内，胜任力的可观察、培养和评估的难度逐渐增加，但越是内层越能反映未来的工作绩效高低，处于核心层的个性和动机是最稳定和最可靠的胜任力。自此，胜任力开始在美国、英国、加拿大、日本等发达国家企业人力资源管理中广泛应用。

史本斯利乐和史本斯西格尼（Lyle M. Spencer and Signe M. Spencer，1993）认为胜任特征是一种个人潜在的特征，与有效或优异的工作绩效相连，它表明的是一种思考或行为的方式，一种跨情景的、泛化的行为或思考的方式，而且持续了相当长的一段时间。胜任特征包括五种类型：动机、特质、自我概念、知识以及能力。对于越是复杂的工作，与工作能力、智力以及文凭相比，胜任特征对于取得有效工作绩效的重要性就越高。

科瑞普（Cripe，1997）指出，绩效管理是一种"为提高和保持整个组织中的人的绩效"的系统方法，人的竞争力是绩效的关键驱动因素。胜任力是指在特定企业的环境中以及具体的工作岗位上作出优秀业绩需要的知识、技能与行为特征，它是高绩效的基因。基于胜任力的绩效管理是指将胜任力理论和方法贯穿于绩效管理的全过程。

在最近的研究中，有学者研究了员工能力与能力—岗位匹配（CJF）对物流企业绩效的影响，探讨了员工绩效和工作满意度的中介作用以及社会交换的调节作用。结果显示，员工能力对员工绩效和工作满意度有显著正向影响，能力—岗位匹配对员工绩效和工作满意度也有显著正向影响。工作满意度通过员工绩效间接影响企业绩效，而社会交换在员工能力与员工绩效及工作满意度之间起调节作用（Nong and Phuong，2024）。

2.1.5.2　国内研究现状

徐峰（2012）从胜任力内涵出发，论述了胜任力与绩效管理的关系，进而较为深入地剖析了人力资源管理体系中的一些问题，并指出无论员工还是管理者都必须要有相应的胜任力，优秀的管理者是经过一系列基于胜任力的选拔、培训、激励的高素质人才。

吕恬歌和贾臻（2024）探讨了胜任力与工作绩效之间的关系发现，胜任力与工作绩效及心理弹性呈正相关，胜任力不仅直接影响工作绩效，还通过心理弹性和人格特质间接影响工作绩效。

宋丽红和赵蕾（2023）构建了领导干部胜任力模型及其绩效应用体系，结合多轮团体焦点讨论构建初始模型。随后，基于问卷调查数据，通过多种实证方法进行修改后最终构建了基于胜任力因素的地方政府职能部门领导干部绩效考评指标体系，作者发现，在中国领导干部绩效考核的制度建设与改革情境中，胜任力的理论价值和实践效用还远远没有发挥出来，胜任素质与能力建设应成为发挥制度效用的强大内驱动力和有力的现实抓手。

刘正君（2020）以饲料行业为研究对象，探讨了基于胜任力构建饲料企业人力资源绩效管理体系的方法与意义，他强调胜任力模型能够将企业发展目标与员工品质特征相结合，助力企业转型升级；研究进一步提出了基于胜任力的人力资源绩效管理模型，将岗位胜任力特征分为表层和深层次特征，涵盖学历水平、工作经验、团队合作等 15 项内容，并针对不同岗位设计了具体的胜任力指标以实现员工与企业共同发展。

胡凤玲和上官学进（2013）认为在目前的企业人力资源管理体系中员工有效的做事方式存在一定问题，讲到人力资源战略这种组织创造价值的方式已经悄然改变，但是相应的衡量和控制这种战略的工具却没有跟上步伐。所以，论者构建了一种基于胜任力的人力资源审计管理体系，并希望在 21 世纪的知识经济时代能够将其不断拓展。

李媛（2013）发现胜任力与绩效管理的关系模型成为近年来我国企业人力资源绩效管理研究的热点，胜任力模型为企业绩效管理体系的研究打开了一个新的突破口。基于胜任力的内涵、特征和核心胜任力，分析了胜任力与人力资源绩效的关系。同时，提出了模型绩效结构性要求和方法。研究认为，胜任力对企业人力资源绩效的提升是必要的，作者给出了人力资源管理体系的三个构建步骤，以求提高人力资源绩效管理水平。

赫连志巍和袁翠欣（2016）研究了高端装备制造业创新团队胜任特征与企业绩效之间的关系。研究发现，创新团队的胜任特征对企业绩效有显著的正向影响，其中团队资源保障能力、文化构建能力、领导影响能力、成员工作能力和规划协调能力是关键因素。此外，心理契约在创新团队胜任特征与企业绩效之间起到调节作用，作者基于此进一步建议企业在招聘、培训和绩效管理中重视创新团队的胜任特征，并通过提升心理契约水平来增强创新团队对企业绩效的促进作用。

基于权变视角，贾建锋和唐贵瑶（2015）分析了高管胜任特征与战略导向的匹配对企业绩效的影响：创新导向型和质量导向型企业比成本导向型企业具有更高的财务绩效和人力资源绩效，而高管胜任特征与战略导向的匹配对企业绩效具有显著影响。此外，贾建锋和闫佳祺（2016）等进一步探讨了高管胜任特征与企业文化的匹配对企业绩效的影响。研究发现，在高管胜任特征的调节作用下，不同文化类型对企业绩效的影响存在显著差异。

张锦平（2015）对基于胜任力模型对高校人力资源绩效管理体系的构建路径进行探讨。提升我国高校人力资管理体系应该在胜任力模型基础上加强个体胜任力，根据员工所具有相应的胜任力而制定不同的绩效目标，其管理人员应拥有突出的胜任力特性且表现优异，这一点在我国各企业中得到一致认同，同时也得到我国高新技术人才和高层管理人员的认同和接受。只有经过关键胜任力选拔，使我国高校人力资源选取效率得到提升并拥有高素质、高文化的技术人员或高层管理人员，才能真正推动我国高校人力资源管理体系的进步，使其成为绩效体系管理的担任者。

黄扬杰（2020）采用问卷调查形式分析了高校创业教育教师胜任力与创业教育绩效之间的关系，目的是为提升高校创业教育质量提供理论依据和指导。研究发现，高校创业教育教师的胜任力可以分为创业技能型因子、传统学术型因子和创业态度型因子三个维度，其中创业技能型因子对创业教育绩效的提升作用最大。

王美苹和闫瑞华（2014）基于胜任力理论构建了环境管理者胜任力、环境绩效和企业绩效之间的关系模型，研究环境管理者的胜任力与工作绩效的关系，并进行了实证检验。研究发现，环境管理者的胜任力对环境绩效均有显著正向影响，研究结果表明，提升环境管理者的胜任力能够通过提高环境绩效间接促进企业绩效的提升，为企业的环境管理实践提供了理论支持和实践指导。

张宝生和祁晓婷（2017）探讨了基于胜任力的绩效评估体系构建。以地方公务员为研究对象，研究结果表明，胜任力模型的引入为政府绩效评估提供了可量化、可操作的新途径，基于胜任力的绩效评估体系能够使公务员能力指标量化，有助于优化政府绩效考核，同时进一步强调了绩效评估反馈的重要性，认为应通过反馈机制帮助公务员提升能力，缩小与胜任力标准之间的差距。

2.1.5.3　文献评述

通过对国内外胜任力和胜任力模型的研究得出了一些比较有意义的结论，但是也从中发现了一些特点，比如，目前学者们的研究都是站在企业中层以及高层管理者的角度之上的，建立的有关模型也是以此为基础的，对一些基础行业的关注度就显得不够，而不同的行业、不同的阶层对于胜任力的要求存在一些区别，因此，在实践中还需要慢慢地摸索。

2.1.6　企业经营业绩对外部融资的影响

2.1.6.1　国外研究现状

在西方理论中，资本结构理论的研究始于 20 世纪 50 年代初，可分为三个阶段。

第一阶段是早期资本结构理论阶段，该时期的资本结构理论研究尚处于萌芽阶段。1952 年，美国经济学家杜兰德（David Durand）在前人研究的基础上结合自己的研究成果总结了早期资本结构理论，发表了《公司债务成本与权益资本成本：趋势与计量问题》。该书将资本结构理论分为传统理论、新的净营业收入理论和净收入理论。

第二阶段是传统资本结构理论阶段，莫迪利亚尼和米勒（Modigliani and Miller，1958）在文章《资本成本、企业财务和投资理论》中创造性地提出 MM 定理。之后的学者将公司所得税因素引入 MM 理论。因债务融资有税盾效应，可降低企业平均资本成本、提高企业价值。由此，若要使企业资本成本最低、企业价值最大，则应全部采取债务融资。

第三阶段则是当代资本结构理论阶段，在融资结构影响问题的研究中有代理成本理论、融资优序理论等。其中，融资优序理论是融资偏好问题的理论基础。后来，学者发现因不对称信息所致的逆选择行为将限制外部融资影响企业资本布局。对此，1984 年，梅叶斯和梅吉拉夫（Myers and Majluf）在共同创立的模型中提出优序融资理论。

在融资结构与经营业绩的相关性研究上，国外研究的主要是后者对前者的影响。格罗斯曼和哈特（Grossman and Hart，1982）认为，企业进行适度的债务融资对其治理有益，不仅可缓解因股权分散带来的相关问题，且负债融资的破产机制能够给予企业管理者一定的制约作用，如果企业想避免在经营活动中陷入经营关停的局面，企业经营管理者不得不发奋工作以持久地拥有对企业的控制权，这也利于提高企业的绩效。施莱弗和维什尼（Shleifer and Vishny，1986）对企业股权集中度与其绩效的关系进行研究发现，为了减少股权的带来成本、使企业的价值有效增值，相对于企业投资人而言，投资占比大的更有动力制约那些为了自己的利益不顾全企业或股东利益的企业经营管理者的行为，他们认为企业进行适度的股权集中有利于进一步监督和激励企业的经营管理者，继而促进企业经营管理的改善。汉森和克鲁其利（Hansen and Crutchley，1990）通过线性回归法分析美国进行股权融资的公司融资后四年的财务业绩，结果发现公司财务业绩出现明显下滑的趋势；有学者基于利益相关者理论和信息不对称理论，研究了环境、社会和治理（ESG）绩效、融资约束与企业投资效率之间的关系。结果表明，良好的 ESG 绩效能够显著提升企业投资效率，尤其在缓解投资不足方面效果显著。此外，ESG 绩效通过减轻融资约束对企业投资效率产生积极影响（Li and Zhu，2024）。有学者同样研究了 ESG 绩效和融资之间的关系，结果显示发现 ESG 信息披露与绿色金融之间存在显著的双向关系，且两者整合对企业绩效有显著正向影响。此外，企业的融资成本竞争优势在这一整合与企业绩效之间起显著的调节作用。研究表明，ESG 信息披露与绿色金融的整合能够提升企业的市场表现，支持企业实现可持续发展目标（Habib and Oláh，2024）。

2.1.6.2　国内研究现状

当前，国内关于公司的融资结构研究主要集中在两个方面，一方面是对这种融资结构与企业价值的关系研究，另一方面是这种融资结构的具体成因。尤其是对我国融资结构的研究，包括对形成我国融资结构特点的成因研究已经比较完善。

关于我国融资结构的特点，孟宪花（2017）在《对我国公司融资结构问题的分析研究》一文中认为我国公司内部形成的资金来源比例较低。张岩如（2017）在《浅析公司股权融资与公司治理》中指出，我国公司对外源融资的严重依赖形成了"重外源、轻内源"的融资特征。

与经营业绩的相关研究方面，孙永尧（2013）在《外部融资、盈余管理和未来业绩》中指出：不管是权益融资还是债务融资，在融资后，企业的经营业绩都下跌，并且权益融资有较大的不利反应。邱静和刘芳梅（2023）探讨了货币政策紧缩对企业融资行为及业绩的影响。研究发现：外部融资依赖程度越高的企业，受货币政策紧缩的影响越大，但这种影响主要存在于非国有企业。蒋弘（2021）研究了并购融资对企业研发、经营业绩及盈余管理的影响。研究发现，与股权融资相比，债权融资用于并购后，企业研发投入强度减弱，导致经营业绩下滑，并引发调高利润的盈余管理行为，非高新技术企业或面临激烈行业竞争的企业更容易出现深度盈余管理。研究表明，企业并购融资方式的选择对后续研发活动及经营业绩有重要影响，且经济增加值动量指标可有效识别企业的真实经营业绩。任杰和陈晶（2015）以 2006～2014 年全部 A 股上市公司中隶属于企业集团的公司为样本，研究债务融资与企业集团业绩之间的关系，研究发现，债务融资成本是业绩传染的重要路径，当集团内发生业绩下滑事件时，目标公司的债务融资成本的上升将导致其业绩下滑。魏蒙（2017）认为股权融资和债务融资产生的资金成本、代理成本等，对企业绩效产生负面的影响，另外，两类融资所形成的股权结构和债务结构会发挥一定的治理效应，而债务融资结构发挥的效应相对更强。实证结果显示，融资结构正向影响企业绩效。王筱萍（2014）基于优序融资理论研究了浙江省上市中小企业在不同经营风险下的融资结构与经营业绩的关系，研究结果表明，融资结构与经营业绩显著负相关，且这种负相关关系会因企业经营风险的大小而呈现区间效应。当经营风险较低时，融资结构对经营业绩的负面影响较小；而当经营风险较高时，这种负面影响显著加大。

2.1.6.3　文献述评

我国公司大多是由国有企业重组而成的，这是股份制改革和市场经济发展的产物。我国市场运行机制不健全，资本市场，尤其是债券市场也不发达，因此，更多地选择外源融资。

我们应该寻得适合我国国情的发展之路，并且充分考虑其可行性。还有一部分学者认为要从政府的制度建设方面来促进公司融资结构的健康发展，但是他们提出的都是宏观的政策方向或者管控建议，比如，进一步完善和发展我国的债券市场、对股票市场的改革步伐提速、加强公司治理结构的管理、加强股权融资的管理以及加强公司的风险控制管理等。

2.1.7　企业会计稳健性对融资效率的影响研究

2.1.7.1　国外研究现状

关于会计稳健性的存在性研究，美国学者巴苏（Basu，1997）在企业盈余和股票回报的相关关系中设计出一个经验指标，利用模型对 1963~1990 年的样本数据进行分析，结果表明，相对于正的股票回报率，盈余为负的股票收益率的反应更敏感，并且正盈余反应的持续时间更久，说明了美国公司会计稳健性的存在。保罗（Ball，2000）利用 Basu 模型分析了在 FASB 存在前后美国企业的会计稳健性，研究发现，在准则制定之前稳健性就已经存在，并且随着财务会计准则委员会的成立而有所增强。

关于会计稳健性产生的动因，艾哈迈德和德鲁曼（Ahmed and Duellman，2007）通过研究得出企业存在稳健性特征能降低事后违约风险，进而能降低债务成本，因此证明了债务契约是会计稳健性产生的原因之一。

关于会计稳健性的计量方法研究，可汗和沃兹（Khan and Watts，2009）以 Basu 模型为基础提出了 C－Score 模型，该模型以财务杠杆、公司规模与市净率三个指标对会计稳健性进行估计，其所估计的回归结果显著性较强，国内诸多学者都基于此模型对会计稳健性展开研究，并与 Basu 模型相互印证，这在一定程度上表明了 KW 模型有较强的适用性。

在对会计稳健性的定义作了充分研究后，比弗和瑞安（Beaver and Ryan，2005）又对稳健性的分类作了进一步的探讨，最终将稳健性分为了非条件稳健性和条件稳健性。

2.1.7.2　国内研究现状

有关会计稳健性经济后果的研究，刘迪和杨晓璇（2025）研究会计稳健性对供应链金融信用风险的影响。研究发现，会计稳健性能够显著降低代理成本、改善融资效率，从而有效缓解供应链金融信用风险。

杨尔稼和李路（2022）等研究发现会计稳健性会增加债券融资成本，而债券合约的重新谈判成本是影响会计稳健性与债券融资成本关系的重要因素。当债券合约重新谈判成本越高时，会计稳健性对债券融资成本的不利影响越强，且这种影响在民营企业中更为显著。

马相则和王聪（2020）以绿色经济发展作为研究背景，探讨了会计稳健性、碳信息披露与企业价值之间的关系。研究发现，会计稳健性与企业价值显著正相关，碳信息披露水平与企业价值也显著正相关，但目前会计稳健性对企业价值的影响仍强于碳信息披露。

黄仁同（2018）研究发现，会计稳健性与企业债务融资效率显著正相关，表明较高的会计稳健性有助于提升企业的债务融资效率，而偿债能力能够增强会计稳健性与企业债务融资效率之间的相关性，这一研究结果表明，企业的偿债能力和会计稳健性是影响债务融资效率的重要因素，且两者之间存在相互作用。

管考磊（2014）从信息不对称、融资效率和投资效率三个方面进行综述，并在此基础上分析了当前的研究。

关于会计稳健性的存在性研究，姚文英和段瑞艳（2022）研究发现，薪酬管制显著提高了国有企业的会计稳健性，进而有效缓解了企业的融资约束，其中会计稳健性在薪酬管制与融资约束之间具有部分中介效应。

陈海潮和王飞（2018）研究发现，会计稳健性与融资约束呈显著负相关关系，即会计稳健性越高，企业面临的融资约束越低。此外，研究进一步发现，高管背景特征对会计稳健性与融资约束的关系具有调节作用：高管团队男性比例越高，会削弱会计稳健性对融资约束的缓解作用；而高管团队平均年龄越大，则会增强这种缓解作用。

毛新述和戴德明（2012）研究在制度背景下稳健性与盈余的关系。结论表明，在排除盈余操作的影响后，公司的稳健性与制度原则的应用具有很强的正相关关系。即相关制度的应用程度更强，稳健性特征越显著。肖成民和吕长江（2013）通过研究季度盈余证实了我国公司确实存在稳健性。

郝东洋和张天西（2011）对稳健性计量的一些基本方法和其他改进方法作了介绍，并分析了各种方法在使用过程中应注意的问题。

张圣利（2014）结合我国公司的产权特征，从债务融资成本的角度，考察会计稳健性的经济后果发现，稳健的会计信息与更低的债务融资成本相关。他认为会计稳健性作为重要的公司治理机构，能够降低债权人和债务人之间的信息不对称程度。

张兆国（2012）从相关性和可靠性两个方面对不同会计稳健性计量方法的比较和选择问题进行了实证考察。这些研究结论对我们正确比较和选择会计稳健性的计量方法具有一定的启示意义。

龚蜜（2011）从影响公司过度投资的制约作用，即外部利益相关者可以通过提高对公司会计信息的稳健性需求，进而使得公司抑制过度投资行为。

董红星（2013）认为随着企业在稳健性原则的基础上对收益的延迟确认和对损失的及时确认，尽可能低估资产而高估负债，最终体现为对净资产账面价值的低估。

吴娅玲（2012）通过实证表明，会计稳健性与债券融资效率正相关，即会计稳健性的提高有助于改善公司债券融资效率。

会计稳健性是一项由来已久且备受争议的会计惯例，张敦力（2011）从研究背景和研究方法等方面探讨未来的研究方向，认为国内外有关会计稳健性经济后果的研究成果主要集中在会计稳健性的融资效用和投资效用两个方面。

刘莹（2021）的研究表明，会计稳健性可以通过降低信息不对称，改善企业的债务融资环境，会计稳健性可以削弱股份回购对债务融资成本的加剧作用，且在非国有企业中表现更为显著。

王晓明（2020）指出会计稳健性能够显著削弱融资方式与创新绩效之间的相关性，会计稳健性在缓解企业内外部信息不对称、降低融资成本以及提升创新资源配置效率方面发挥着重要作用。

刘柏和琚涛（2020）的研究发现，会计稳健性更显著地促进公司选择债务融资而非股权融资，且公司与股东之间的信息不对称会削弱会计稳健性对债务融资的促进作用，且这种调节效应仅在非高科技公司中显著。此外，会计稳健性在偏好债务融资的公司中能显著降低债务成本，并更倾向于促进长期债务融资。

会计稳健性产生的动因研究，周浩明和夏敏（2015）实证检验了会计稳健性与企业融资效率的关系，研究结果显示，会计稳健性与企业融资效率显著正相关，企业会计稳健性的提高有助于改善融资效率。

朱茶芬和李志文（2012）是从内部控制、债务约束和政府干预三方面来分析国家控股对会计稳健性的影响。证明了国家控股的公司，会计稳健性更低，并针对该现象提出相关政策建议。

祁致廷（2013）认为融资对于企业来说有着至关重要的作用，那么融资效率的高低对于企业的利润有着很重要的影响。

王静（2013）证实了存在于会计稳健性水平与公司权益资本成本之间的负相关关系，同时发现会计稳健性水平与投资不足水平、投资过度水平均存在负相关关系。

2.1.7.3　文献述评

会计稳健性作为会计信息质量的重要特征，长期以来受到学术界和实务界的广泛关注。但会计稳健性的研究仍存在一些争议和不足。例如，关于会计稳健性与融资成本的关系，不同研究得出了不一致的结论，这可能与样本选择、研究方法和制度背景的差异有关。此外，尽管 C – Score 模型被广泛使用，但其在不同市场环境下的适用性仍需进一步验证。未来研究可以结合更多制度背景和企业特征，深入探讨会计稳健性的动因及其在不同经济环境下的作用机制，以期为实务界提供更有针对性的政策建议。

总体而言，会计稳健性研究在理论和方法上取得了显著进展，但其经济后果和动因的复杂性仍需进一步探索，尤其是在新兴市场和经济转型背景下，会计稳健性的作用机制及其对企业财务行为的影响值得深入研究。

2.1.8　信息时代下会计信息的对称性

2.1.8.1　国内研究现状

以下列举了国内相关研究比较有代表性的研究结论。

董昕（2022）以饲料企业为研究对象，探讨会计信息化带来的影响，即会计信息化拓宽财务管理空间、增强经济业务活动时效性以及提高工作效率，但信息化水平不高、外包会计业务缺陷、信息安全风险、基础设施薄弱以及缺乏复合型人才等缺陷也是亟待解决的问题。

杜国祥（2018）提出了会计信息原则的创新性理论，他认为在"互联网＋"背景下，会计信息原则需要重新构建，以满足内外部信息使用者的需求，提升市场信息效率。

应里孟（2018）探讨了在"互联网＋"时代，大数据、云计算、区块链等信息技术与会计深度融合对会计信息质量特征的影响，研究发现：信息技术的发展能够提升会计信息的完整性、中立性和无差错性等，同时有助于强化会计信息的可比性，促进会计信息质量特征的发展。

张加乐和李志学（2017）分析了传统会计信息传递模型存在如信息失真、传递速度慢、单向性、无法体现决策有用性等问题，并结合互联网＋技术与 XBRL 标准，提出了新的会计信息传递模型，通过数据库、多模块会计处理程序、信息交流界面及习惯记忆机制等要素，提升了会计信息的灵活性、及时性和多维度特征，有助于提高资本市场效率与社会生产效率。

胡光志和胡显莉（2017）探讨了"互联网＋"时代会计监管制度的变革，分析了传统会计监管存在信息不对称、监管滞后、多头监管等问题，而"互联网＋"推动了会计信息生态系统、会计流程和会计服务的变革，他认为，在"互联网＋"的背景下，要通过监管方式和重点的革新，保障会计监管的有效性，推动会计监管制度的完善。

程平（2016）研究了云计算的应用对会计信息质量的影响，并构建了相关模型。会计信息的对称性正是衡量会计信息质量变化的标准之一。

李新越（2016）认为在信息技术对各行各业产生冲击，引领变革的时刻，企业要想在这场科技浪潮中存活下来，获得更好的发展，必须采用 ERP 系统来处理企业内外部的信息交流。

黄智豪（2015）分析了以往传统的信息管理方式的缺点和不足，并对信息技术在信息管理上的应用抱有十分积极的态度。

刘迅、王荷艺和王怡馨（2016）认为虽然借助于互联网，会计信息的产生与传递等各方各面都变得十分迅速而高效，但是由于互联网本身所存在的安全隐患，对于会计信息质量的变化依然值得仔细考虑。

刘龙龙（2015）认为会计行业的信息化是一个不可避免的趋势，要想会计服务的相关质量不在信息化中下降，应该做好各种辅助工作，比如加强在互联网方面的立法，培养信息时代的会计人才。

刘梅玲（2013）认为我国会计信息系统的构建远远落后于会计信息化的发展。因此，她尝试通过理论上的研究对信息时代下会计信息系统的构建提出建议。

梁星和王风华（2013）认为可以通过对 ERP 系统的各个阶段采取各种控制措施来使 ERP 发挥更积极的作用，从而从技术层面提升会计信息质量。

李倩（2014）认为对于 ERP 系统对会计信息质量的影响的研究绝大多数只是理论上的，实际操作上的研究很少。因此，她选择通过对具体案例进行研究来探讨这一课题。

2.1.8.2 国外研究现状

以下列举了国外相关研究比较有代表性的研究结论。

戈德索普和阿曼塔（Gowthorpe and Amat，1999）考察了西班牙公司所设立的网站以及通过网站进行信息披露的情况，并讨论了通过互联网进行信息披露的优缺点，他们认为互联网可以被操纵的漏洞还有很多，但是其具有比较大的发展潜力，有望成为日后的主要信息披露手段。

柯尔梅纳雷斯和利奥波德（Colmenares and Leopoldo，2009）对于 ERP 系统在财会与经济管理的影响进行了研究，通过研究得出了 ERP 系统能够提升管理层决策水平、财务报表公允程度以及职员监管与控制水平的结论，并因此对 ERP 系统以及类似系统在会计核算方面的进步充满希冀。

维乐缇娜缇和瑞（Valentinetti and Rea，2013）注意到现在会计准则的设立者在鼓励企业采用基于互联网技术的 XBRL 财务报告语言，于是他们研究了在两个不同的会计准则下，即 Italian GAAP 与 IFRS 下运用 XBRL 产生的结果有什么区别。研究表明，XBRL 相比于传统方法能够有效地提升会计信息的质量。

张（Zhang，2011）在会议上阐述了基于互联网的会计信息系统所存在的漏洞与风险，并提出了一些解决方案，认为需要加强这一方面的法律法规的建设。

李（Li，2015）阐述了基于互联网的会计信息系统的设计方案如何更有效、更准确、更安全地利用信息技术来进行交易事项的计量。

许、王红和王继添（Xu Yunpeng，Wang Hong and Wang Jitian，2011）认为信息技术的进步能给财务报告领域带来积极的影响，使得信息传播速度更快、信息保真度更高，并且还有更为广阔的发展及利用前景。

有学者认为在数字化背景下，会计系统在采集相关财务数据的过程中可以获得极大的发展，并且所需的信息无须相关人员进行处理，在更大程度上保留了数据信息的真实性（Yermack，2017）。有学者认为随着人工智能等的发展以及大数据分析能力的提高，越来越多的会计分析和判断工作可交由"互联网 + 会计"平台来完成（Richins，2017）。

2.1.8.3　文献述评

近年来，随着信息技术对人们的日常生活与工作产生越来越大的影响，为了适应时代发展，会计行业也在不断地信息化。于是便有不少会计方面的学者致力于探讨在信息技术的影响下会计信息的质量究竟是如何变化的。作为会计信息质量的一个方面，会计信息对称性也就成为我们需要探讨的话题之一。不少国内外学者对于信息技术对于会计行业的影响持乐观态度。在互联网科技突飞猛进发展的今天，会计信息已经无法脱离互联网而存在，互联网本身的多变性以及及时性也给会计对称性理论增添了不少新的内容。国内外都在致力于通过互联网技术使会计信息对称性的实现更加容易。其中就诞生了许多的企业专用会计软件系统，比如 XBRL、ERP 等。但是正如互联网本身一样，信息时代中的会计对称性方面也有非常广阔的发展空间。

2.1.9　融资约束下的企业创新与发展研究

2.1.9.1　国外研究现状

弗扎瑞、哈伯德和皮特森（Fazzari，Hubbard and Petersen，1988）构建了 FHP 模型，将融资约束与企业投资关系的研究引向了一个新方向。他们用股利支付率代表融资约束，并展开了实证研究，研究发现，投资—现金流敏感性的高低程度随着融资约束的变化而同向变化。

有学者基于内生增长理论，研究了融资约束和知识产权保护（IPR）对转型国家企业创新的影响。研究发现，融资约束显著抑制了企业的增量创新活动，而严格的知识产权保护对产品和流程创新有负面影响，但对研发活动有积极影响；同时，融资约束和 IPR 保护对不同行业的创新影响存在显著差异（Abdin and Sharma，2024）。

李和吴（Li and Wu，2024）的研究结果表明，供应商融资能够缓解跨股权投资对中小企业的市场价值的负面影响，而政府补贴则可能加剧这种不利关系，这表明，在资源有限的情况下，过度依赖政府补贴可能会影响企业的创新能力。

有学者将研究视角集中到 ESG 绩效表现对企业外部融资的影响上，研究结果显示，ESG 绩效优势能够显著降低企业债务融资成本，并扩大融资规模，在高碳行业、民营企业以及未定期披露 CSR 报告和污染物排放信息的企业，ESG 表现对债务融资的影响更为显著（Guo and Bian，2024）。此外，有学者进一步研究发现，良好的绩效表现能显著促进绿色创新，主要通过缓解融资约束实现，此外，数字金融的双门槛效应和企业规模的单门槛效应均会强化对绿色创新的促进作用（Zhang and Zhao，2024）。

2.1.9.2 国内研究现状

在融资约束与企业创新的关系上，李晶晶（2024）探讨了融资约束通过无形资本渠道对企业创新的影响。研究表明，融资约束会抑制企业创新，包括渐进式创新和激进式创新，其关键在于紧缩了企业无形资本的积累。无形资本作为企业创新的关键要素，其积累受到融资约束的显著影响。曾元和陈小军（2024）详细分析了融资约束与企业创新之间的关系，结果表明，融资约束显著抑制了企业创新水平，此外，非国有企业受融资约束的负面影响更大，内部控制能够强化融资约束对创新水平的抑制作用。王怡丹（2015）认为企业技术研发创新活动和技术研发投入强度的提高都对企业生产效率有显著的正向影响，外部融资约束和金融市场不完善不仅直接阻碍了企业生产效率提高，而且还将通过技术研发创新途径对企业成长产生阻碍。徐海峰和邓金丽（2020）认为融资约束与企业研发投入显著负相关，融资约束抑制了企业的研发投入，我国制造业企业进行创新面临的主要问题是融资约束。有研究也进一步表明融资约束存在一定的中介效应，程文质（2023）实证检验了货币政策对企业创新的影响及融资约束的中介作用。研究发现，货币政策与企业创新之间存在倒"U"型关系，同时，融资约束在货币政策对创新的抑制作用中具有中介效应。冯苑和聂长飞（2023）主要研究了经济增长目标、融资约束和绿色技术创新之间的关系，研究发现：经济增长目标通过加剧融资约束来抑制企业绿色技术创新，此外，在重污染企业和非国有企业中，经济增长目标对企业绿色技术创新的抑制效应更显著。

在影响融资约束因素的研究中，马红和王元悦（2017）提出在现实的市场中，企业往往因为得不到投资资金的支持，而被迫削减甚至放弃正常的投资扩张计划，导致融资约束现象的出现，抑制了企业成长的速度，融资约束的缓解与创新能力的提高是参股金融机构促进企业成长的重要渠道。许金龙（2016）认为创新型企业提高技术创新水平有利于缓解其面临的融资约束程度，且这种缓解作用具有至少一期的滞后性，企业要认识到这种滞后效应。

2.1.9.3　文献述评

融资约束对企业创新的影响一直是学术界关注的焦点。国内外研究均表明融资约束对企业创新和成长具有显著影响，且这种影响因企业类型、行业特征和政策环境而异。

总体来看，现有研究已较为系统地揭示了融资约束对企业创新的负面影响，以及外部因素（如数字金融、政府政策）在缓解融资约束和促进创新中的作用。然而，关于融资约束下企业的创新与发展的相关研究仍需进一步针对不同行业、企业规模和所有制结构下的异质性影响进行探讨，以及如何通过政策优化和企业内部治理来更好地缓解融资约束等问题提出相应的解决措施，以进一步促进企业的创新力度和可持续发展。

2.1.10　实现"互联网＋"对企业绩效的影响

2.1.10.1　国内研究现状

国内的相关研究从我国农业的弱势方面分析，详细研究了实现"互联网＋"对于我国农业企业绩效的影响以及农业企业未来的方向。李砾（2020）认为"互联网＋"时代为会计工作带来许多机遇，有助于企业通过互联网加强与行业之间的整合，实现线上线下相融合的运营模式。娄向鹏（2015）认为我国农业企业传统农业问题有农产品信息不对称以及产销不对称。而"互联网＋"农业企业的形式可以有效地解决这些问题。代成斌和黄玉珊（2015）认为，李克强总理提出的"互联网＋"将会重塑现代农业企业的新格局，打破现代农业企业由于国家经济结构调整、产业转型升级不断推进面临的瓶颈。

相关学者认为，"互联网＋"的实现正在为我国农业企业带来大变革。唐金湘（2020）认为"互联网＋农业"模式为传统饲料行业带来了新的发展机遇。互联网技术的普及为饲料行业提供了先进的数据化管理平台，并优化了供应链管理，降低了物质结构成本，提升了产品附加值和企业竞争力。魏晓蓓和王淼（2018）探讨了"互联网＋"背景下全产业链模式对农业产业升级的推动作用。研究认为，通过利用各种信息技术可以提升农业生产效率和精准化水平，拓宽销售渠道和降低交易成本，进而促进农户聚集化生产，提高农民收入。许江伟（2016）认为"互联网＋"农业为农业企业带来的变化包括解决了农业生产无法标准化的问题、使农产品更廉价的同时也更高效地销售以及解决了农产品安全可溯源的问题。所以给农业企业带来了历史性的机遇。王宏兵和张亚楠（2016）提出，随着持续深化改革，"互联网＋"已经充分渗透到农业企业日常经营中，为农业企业绩效提高起到了重要的辅助作用。

我国相关研究运用了许多方法对农业企业绩效进行评估，同时分析"互联网＋"与企业绩效的关系。林若飞和张惠萍（2016）运用样本回归模型分析了"互联网＋"对农业企业生存能力的影响。他们认为要想使"互联网＋"对农业企业生存能力产生正向影响，主要从以下几点入手：一是"互联网＋"农业必须提供海量且及时准确的市场信息；二是"互联网＋"农业必须有着准确的市场定位；三是"互联网＋"农业也需要选择合适的商业模式；四是"互联网＋"农业最好提供给顾客一站式的服务；五是"互联网＋"农业要选择合适的经营领域。苏明（2016）通过对比分析法对一农业企业通过"互联网＋"运营之前和之后的绩效进行了分析对比，并为农业企业实现"互联网＋"的战略选择提出了中肯的建议。

实现"互联网＋"对我国农业企业也带来了一些挑战，如果没能认清道路也会对绩效带来不好的影响。刘玉忠（2015）提出目前农业企业"互联网＋"发展时遇到的主要问题，比如发展需要的顶层设计缺少规划也不完善、基础设施和技术问题制约其发展等，并提供了合适的建议。吴文军

（2015）认为，"互联网 + "农业企业虽然看起来很美好，但是是一个任重而道远的任务，有成功必然也有失败的例子。农业企业家们需要考虑清楚企业如何选择"互联网 + "与企业原有模式的最佳接入点。吴伟生和迟云平（2021）的研究指出，在"互联网 + "逐步发展的背景下，农业企业要充分将信息技术与农业相结合，通过全网络运营和推广、建立品牌数据库等方式，提升农业企业品牌建设水平，推动农业企业可持续发展。

我国相关研究同时对我国农业企业未来实现"互联网 + "的商业道路提出了建议。李志起（2016）认为，农业企业可以通过互联网加强与消费者之间的交流从而抓住消费者的痛点，从消费者角度生产适合的产品。还能从传统落后的营销模式突围，寻求新的商业模式。郭英麟（2016）提出了本地农业企业和联通公司合作打造本省绿色特产电商销售平台的战略，两者互利互惠，使"互联网 + "和农业企业为社会经济发展锦上添花的思路。禤燕庆、康志华和赵博雄（2016）认为合理利用互联网是比较合适的推动农业企业生产自动化的方法。杨继瑞、薛晓和汪锐（2016）认为"互联网 + "可以解决农业企业经营的投资瓶颈问题，还可以拓宽农业企业经营的流通渠道，甚至突破传统服务模式的局限。范琳、王怀明和沈建新（2015）认为目前我国农业企业面临着严峻的融资难问题，分析了互联网金融的发展对解决其融资困境的帮助。同时也对我国农业企业如何抓住互联网金融飞速发展的机会解决融资问题提出了有针对性的建议。权长贵（2016）通过举例阐述了农业企业在实现"互联网 + "的进程中的转型之路，同时也为其他农业企业的转型提出了建议，以及对"互联网 + "背景下农业企业未来商业模式的希冀。李国英（2015）提出了以农业互联网为核心的"智能农业"，互联网成为农业企业提高生产效率、转变农业增长方式的关键性手段。

2.1.10.2　国外研究现状

国外关于互联网与农业企业绩效的相关研究起步很早，研究也很全面，斯科雷科娃和弗尔科索瓦（Skorecova and Farkasova, 2008）运用不同的计算方法评估农业企业的绩效后认为，在经济全球化的大前提下，互联网对于农业企业绩效提升有巨大的帮助。而姆琼巴和卡瓦莱（Mjomba and

Kavale，2015）以肯尼亚电力和照明公司为例，说明"互联网 +"条件下农业企业可以更加方便地和外界沟通并与不同国家的实体建立进出口交易，吸引外商投资，促进企业组织内的发展，从而为企业带来巨大的效益，并促进绩效的提升。

有学者认为随着中国农业市场放松管制，农业流通企业的竞争越来越激烈，导致利润下降。越来越多的企业发展了合作竞争的理念，寻求与上游农业供应商的战略合作。在合作过程中，供应商合作绩效评估是目前研究的关键问题之一。确定了产品竞争力、沟通能力、运营能力和信息共享能力一起影响了合作绩效。还应用模糊分析层次法评估农业供应商的协同绩效（YanXin Zhu，SuJian Lee and JieQing Zhang，2016）。

"互联网 +"的实现也有利于改善企业内控从而提升农业企业绩效，有学者论述了技术和社会经济因素对农业企业效率的影响，提到了互联网可以便于企业部门之间的快速协商沟通（Lobova Svetlana Vladislavlevna and Ponkina Elena Vladimirovna，2015）。从内部提升企业的运行效率，有学者探讨了农业企业有效管理时存在的问题以及"互联网 +"对于农业企业内部管理方面的作用（Pavlyk，2015）。

张（Zhang，2024）的研究结果表明，能源互联网通过增加政府补贴、促进人才就业和改善企业信息环境显著提升了高耗能企业的绩效。有学者采用平衡计分卡模型，分析了互联网技术的采用对企业绩效的作用机制发现，互联网技术的应用可以显著提升企业的财务绩效（Olomu and Binuyo，2023）。有学者基于 2011 ~ 2019 年沪深交易所上市的 1040 家传统企业的数据研究了"互联网 +"对中国传统企业创新绩效的影响机制。研究发现，"互联网 +"通过影响企业的创新要素、公司治理结构以及企业文化显著提升了企业的创新绩效（Jiang and Saeed，2023）。

2.1.10.3　文献述评

相关研究表明，农业作为传统产业存在着非常明显的弊端，比如信息不对称以及农业本身的弱质性，国外相关研究认为可以通过农业信息化来提升农产品的产量和质量，还可以通过互联网进行对外交流来改善农业信息不对称的问题以及通过积极进出口来提升企业绩效。国内研究运用科学的方法对农业企业实现"互联网＋"的绩效进行评估，并与未实现之前进行对比来分析"互联网＋"对农业企业绩效的影响，而且有学者通过研究分析认为，如果企业未做好迎接"互联网＋"浪潮的准备，甚至会遭受冲击，从而不利于企业绩效的提升。

2.2　理论基础

2.2.1　企业社会责任

　　企业是当今社会的经济细胞，也是众多社会主体利益的交汇点。关注企业的社会责任问题是社会进步的一个重要表现。谈到企业社会责任，首先要准确地把握企业社会责任的内涵，不能够把企业社会责任仅仅理解为承担公益事业和社会捐赠；强调企业履行社会责任，并不是说要企业不重视自己的经济效益，也不是主张新的"企业办社会"。对此，世界银行把企业的社会责任定义为：企业与重要利益相关者的关系、价值观、遵纪守法以及尊重人、社区和环境有关的政策和实践的集合，它是企业为了改善利益相关者的生活质量从而贡献于可持续发展的一种承诺。国际上人们普遍认同的企业社会责任理念是：企业在创造利润、对股东利益负责的同时，还要承担对员工、社会和环境的社会责任，包括遵守商业道德、职业健康、生产安全、保护劳动者的合法权益、节约资源等。本书在探讨中国企业的社会责任问题时，不仅要考虑国际上的一般含义，还要考虑我国的特殊性。

　　改革开放以来，我国企业得到飞速发展，为经济增长作出了巨大贡献，为人民群众提供了丰富的产品和服务，并通过纳税等形式履行着对国家和社会的责任。但也能够看到，在我国的一些企业中，浪费资源、污染环境、逃避税收、拖欠工资、财务欺诈、忽视安全、坑害顾客等现象仍是屡见不鲜。这些行为造成了企业与消费者、企业与员工、企业与投资者以及企业与自然环境等之间的矛盾冲突，影响了经济的健康发展与社会的和谐稳定。因此，有必要采取政府引导、社会监督、法律保障、企业自身规范相结合的办法，建立健全相关激励约束机制，促进企业自觉履行其社会责任，推动科学发展、促进社会和谐。总的来说，中国的企业社会责任应该是符合我国国情的社会责任，是企业在社会主义市场经济体制下，为促进可持续发展和社会和谐而承担的一系列责任。

2.2.2　企业绩效

企业绩效，顾名思义就是企业取得的成绩与效果。任何一个企业的存在无不是以获利为目的的。企业绩效的优劣直观反映了企业经营的好坏。企业绩效应该包含以下几个方面：资产负债情况、现金流量情况、利润的多寡和企业的口碑。首先，利润是企业绩效最直白的表现，绩效好的企业，利润也往往很可观；其次，资产负债状况可以反映企业经营所属资产的能力，是反映绩效的比较直观的指标；再次，绩效好的企业会拥有充足的现金流，这样企业就可以进行各种各样的投资，无疑企业业绩会很好；最后，企业的口碑是企业的无形资产，口碑好的企业在产品销售、新产品上市、员工招聘、筹资融资等方面会有更大的竞争力，良好口碑化成的硕果将挂在企业绩效这棵大树上。

2.2.3　利益相关者理论

利益相关者包括企业的股东、雇员、消费者、债权人、供应商等交易伙伴，也包括政府部门、本地社区、媒体、环保主义等的压力集团，甚至包括自然环境、人类后代等受到企业经营活动直接或间接影响的客体。这些利益相关者与企业的生存和发展密切相关，他们有的分担了企业的经营风险，有的为企业经营活动付出了代价，有的对企业进行监督和制约，所以企业的经营决策必须考虑他们的利益或接受他们的约束。从这个意义讲，企业是一种治理和管理专业化投资的制度安排，企业的生存和发展依赖于企业对各利益相关者利益要求所回应的质量，而不仅仅取决于股东。这一企业管理思想从理论上阐述了企业绩效评价和管理的中心，为其后的绩效评价理论奠定了基础。

2.2.4　期望理论

期望理论最早由托费曼永勒温提出，费鲁姆开始将其应用于工作激励问题研究。该理论认为，人们总是评价其行为与结果间的关系，人们在追求自己最大效用的同时要在风险、成本及效益间作出选择；人作为决策者要从各种可供选择的行动方案中选择最为有利的方案，并依此采取最为有利的行为。期望理论表明，努力与绩效的关系取决于个人对目标的期望概率，因为人们总是希望通过努力达到预定目标；人们总是期望在达到预定的绩效目标后能得到适当、合理的奖励；这种奖励总是能够满足人们的某种需要，如生理需要、尊重需要、成长和发展的需要等。

2.2.5　强化模型

个人行为结果对行为的作用如何会对个人以后的行为产生影响。从生理意义上说，条件反射形成后，为了防止条件反射消退，必须伴随有无条件刺激，这种无条件刺激就是强化。强化可以增强某种反应、某种行为的概率，是保持行为和塑造行为必不可少的关键要素。强化作为人的行为激励的重要手段，通过出现积极的、感到愉快的结果使某种行为得到增强或增加，或通过终止或取消令人不快的结果而使某种行为得到增强或增加。一般来说，人们在某种行为结果得到奖励之后会继续保持这种工作行为，在行为结果受到惩罚后会回避这种行为，在行为结果既无奖励又不惩罚之后，最终会停止这种行为。强化理论模型认为，人们在工作中的努力程度是工作行为与奖励之间连接程度的函数。如果一个人努力工作并且这种工作符合人们对他的期望而得到奖励，那么，以后他将继续这种行为；反之，则相反。强化模型强调向后看，强调以前的行为结果只有在受到强化时才会对以后行为起激励作用。

2.2.6　公平理论

公平是指组织中资源或奖酬的分配是否合理。人的公平感是人们对涉及自身利益的分配是否公正合理而作出的一种个人价值判断和感受。公平的标准是主观的，因而它也是因人而异的。因此，一个人的公平感一方面受其所得到绝对报酬的影响，另一方面也受到相对报酬的影响。公平理论认为，一个人不仅关心自己收入的绝对值，而且也关心自己收入的相对值；每个人都会不自觉地把自己付出的劳动和所得的报酬同他人付出的劳动和得到的报酬进行社会横向比较，也会把自己现在付出的劳动和所得的报酬同自己过去付出的劳动和所得的报酬进行纵向的历史比较。当人们在比较后认为是应该的、正常的，通常会产生一种公平感，因而就会心情舒畅，努力工作；反之，人们就会有满腔怨气，影响继续工作的积极性。

2.2.7　会计稳健性

会计稳健性可以分为两类，一是条件稳健性，二是非条件稳健性。条件稳健性是指与坏消息相比，要求对好消息的确认有更高程度的可验证性，低估所有者权益的账面价值和盈余。在实务过程中，提高稳健性的方式有计提减值准备、存货成本后续计量等。非条件稳健性也同样会低估会计盈余，验证会计信息，但是是确实在信息发生之前去评价，因而非条件稳健性会避免未来坏消息带来负面影响的风险。非条件会计稳健性主要受到会计准则的影响，并不能有效衡量企业决策倾向。

2.2.8　融资效率

融资效率既是在获得成本最低的情况下的最大化利用，只用单一指标难以全面衡量企业融资效率的高低，同时也无法兼顾不同情况下企业的融资情况。融资环境好，企业获得融资的难度降低。不同行业的融资渠道和门槛也不同。企业的成长性和内控效率都会影响企业的融资效率。

对于融资效率的界定，应该将企业的融资能力、融资成本、融资环境、行业特征、企业的运营效率和制度安排效率等都考虑到位。故本章采用主成分分析法来提取指标衡量融资效率，将影响融资效率的因素尽量多地纳入评价体系中。使得融资效率的反映内容更加全面、评价效力更强。

2.2.9　融资约束概念

目前关于融资约束的概念并没有明确的界定，导致融资约束的测度至今没有统一的方法。弗扎瑞（1988）最早提出了融资约束的存在性，对融资约束作出了开创性的研究。卡朋特和皮特森（Carpenter and Petersen，2002）发现大多数公司的增长都受到内部融资的限制。本书从广义和狭义两个角度对融资约束的概念进行界定。

广义上来说，融资约束是指当资本市场不完美导致信息不对称时，企业内外融资成本存在差异，从而公司融资受到约束，使得企业无法实现最优投资水平。当企业拥有良好的投资机会而内部资金不足时，企业会考虑从外部市场进行融资，而较高的外部融资成本会迫使企业放弃外部融资，从而使得某些项目的净现值为正，内部资金无法满足的投资项目无法实施，表现出现投资不足的状态。卡普兰和辛加莱斯（Kaplan and Zingales，1997）指出，只要涉及资金的交易成本，外部资金就一定比内部资金的成本高，那么融资约束就会存在。

狭义上看，融资约束是指无法为期望的投资获取资金，当企业内部资金无法满足企业的投资需求时，企业会进行外部融资，但企业从外部资本市场要么无法获得期望的资金数量，要么无法承担昂贵的外部融资成本，导致企业无法得到期望的投资资金。拉蒙特、普克和萨阿 – 雷克霍（Lamont，Polk and Saaá-Requejo，2001）认为，融资约束是指信贷限制无法借款或无法发行股权，依赖银行贷款或资产流动性不足，导致企业获取资金的能力受限。席尔瓦和卡雷拉（Silva and Carreira，2012）认为，融资约束是指企业无法获得必要的资金金额来为其投资和发展提供资金。

可以看到，如果从融资约束的广义定义来看，只要企业从外部融资，就一定存在融资约束，所以几乎所有的公司都存在融资约束。这是因为，现实的资本市场是不完美的，信息不对称一定存在，导致外部融资存在交易成本，那么外部融资成本必然高于内部融资成本，这种内外融资成本的差异主要来源于两个方面：一是与企业风险相对应的市场必要报酬，风险越大，要求的市场回报率越高；二是与信息不对称相对应的外部融资溢价。而从狭义上的定义来看，融资约束是指因无法承担较高的内外成本差异而无法筹集到足够的投资资金，所以并不是每个公司都存在融资约束。本书为了全面反映我国战略性新兴产业上市公司的融资约束状况，采用融资约束的广义定义。我国战略性新兴产业上市公司多为中小企业，自身资金积累有限，要想获得成长和发展，不可避免地要依靠外部融资，特别是技术创新项目，资金投入巨大、资金占用时间长，仅靠内部资金难以满足资金需求，导致企业要想完成创新项目，必须借助外部融资。从各企业财务报表中可以看到，本书选择的战略性新兴产业样本中所有企业都有外部融资来源，所以我国战略性新兴产业普遍存在融资约束，但是各企业与资本市场之间的信息不对称程度和缓解这种信息不对称的能力有所不同，使得各企业的外部融资溢价存在差异，各企业从外部融资的难度和外部融资的成本有所不同，导致企业之间融资约束程度存在差异。

2.2.10　企业创新概念

企业创新是企业管理的一项重要内容，是决定公司发展方向、发展规模、发展速度的关键要素。从整个公司管理到具体业务运行，企业的创新贯穿每一个部门、每一个细节中。企业创新涉及组织创新、技术创新、管理创新、战略创新等方面的问题，而且，各方面的问题并不是孤立地考虑某一方面的创新，而是要全盘考虑整个企业的发展，因为各方面的创新具有较强的关联度。技术创新不仅推动了我国经济的可持续增长，而且是提升我国核心竞争力的首要力量，也是企业核心竞争优势的体现，是实现企业超额利润的源泉。企业在进行技术创新活动时会受到各种因素的制衡，刘小夕（2016）在研究中提出融资问题是影响创业企业稳定发展的重要因素，如果创业企业获得一定的融资，将有助于解决融资约束的问题，从而帮助企业成长，通过技术创新，增加企业竞争优势，提升企业创造潜力以及企业内部组织功能的效率，吸引外部融资，扩大企业规模，增强创业企业的竞争力。郭静宝（2019）认为创新是企业发展的重要动力，而企业研发投入则是提升企业创新能力与财务绩效的有效路径，在企业研发投入中，融资约束具有不容忽视的影响，因此企业需要加大研发投入，为企业创新能力的提升提供良好保障；需要提升研发投入信息披露水平，为企业研发投入融资创造良好条件；需要强化内部监管，提升研发投入资金管理效率。张晓凤（2020）阐述了发展中国家改变经济现状的唯一办法是进行改革创新，必须掌握技术信息，走创新发展的道路。

2.2.11　员工满意程度

员工满意程度字面上是与用户满意度相对的一个概念，有些企业对员工感受置之不顾，但这种传统的观念是错误的。可想而知，员工满意度是员工的一种主观感受，根据张平和崔永胜归纳的定义可以知道，员工满意度是员工对企业的实际感受和其期望的状态所形成的差距，员工满意度是员工自身的一种心理状态，是实际与期望效果的差别体现。

2.2.12　工作绩效

工作绩效是站在雇主的角度定义的一个概念，是雇主对员工能够实现既定目标寄托的期望，是一种具体描述。

雇主期望提高员工的工作绩效，他们对其采用一种有效的策略就是确立目标。这能够让员工具有工作的责任感，不会使员工无所适从。惠普公司的总裁说过类似于这样意思的一段话，即公司应该根据利润、顾客、公司发展、管理方式以及公民个人的品德表现、权利和义务确定企业的总体发展目标，并为这个目标制定一个基本准则，实现目标的系统性管理。目标的确立包括一个公司的基本宗旨、价值观念等因素，它要使管理人员拥有极大的管理权力，但同时也承担着一定的责任。

必须制定具体的规定，对目标的实现程度进行掌控。目标的制定需要遵循一定的原则，必须具体说明使企业成功的详细做法。不能使用不确定的词语。这些确定的词语保证了目标实施的准确性，确定的目标是提高工作绩效的基本保证。

估价是对工作绩效下定义的第三个因素。客观公正地对已经完成的制定的目标进行估价，这样既能使管理者宏观地掌控目标的完成情况，还可以促使员工不断地提高工作绩效。如果管理者只是花费时间和精力判断目标，而事后不对其结果进行估价，那么这些行为就是对资源和人力的浪费。如果不对完成的项目进行细致的评估，会使员工对工作产生消极心理，使目标的制定形同虚设，不能起到提高员工绩效的效果。如果管理者害怕支付制定目标时承诺的报酬，产生的后果则会更加严重，员工不仅会因此产生消极怠工的心理，而且会严重抵触工作，这就完全违背了目标制定的初衷，这是管理者在工作上的严重失误。

第 3 章

企业经营绩效评价研究

3.1 问题的提出

随着改革开放的进行，我国市场经济体制不断完善，国有经济的质量和效益不断提高。根据中国企业联合会与中国企业家协会《2022 年中国企业 500 强研究报告》的数据，截至 2022 年，我国国有企业的经营状况继续保持稳步增长，国有经济的质量和效益进一步提升。2022 中国 500 强入围门槛为 69.17 亿美元，高于 2022 美国 500 强入围门槛（63.94 亿美元），这已经是中国企业 500 强入围门槛连续两年高于美国 500 强。全国国有企业的营业总收入、利润总额、资产总额等关键指标均实现了显著增长，国有企业在国民经济中的主导地位进一步巩固。中国企业 500 强营业收入总额达到 102.48 万亿元，首次突破百万亿元大关，同比增长 14.08%。归属母公司的净利润 44634.68 亿元，同比增长 9.63%。入围门槛提升至 446.25 亿元，比 2021 年提高了 53.89 亿元，增长 13.74%。国有企业为 258 家，增加了 7 家。国有企业在收入、资产等主要指标上，仍稳占突出地位，营业收入为 70.92 万亿元，占全部 500 强营业收入的 69.21%；净利润为 29934.74 亿元，占全部

500 强的 67.07%。国有企业在上述指标中的占比，明显高于其数量占比，并且均比上年 500 强有所提高。国企改革三年行动方案实施以来，非金融央企的效率效益指标都有明显改善。2022 中国企业 500 强中，非金融央企的人均营业收入比 2020 中国企业 500 强中的非金融央企提高了 43.71 万元，人均净利润提高了 1.75 万元，资产周转率加快了 0.07 次/年；收入利润率、资产利润率、净资产利润率分别提高了 0.25%、0.29% 和 0.74%。同期，中国企业 500 强总体的人均营业收入、人均净利润分别提高了 56.24 万元、2.01 万元，但资产周转率持平未变，收入利润率、资产利润率、净资产利润率分别下降了 0.17%、0.05% 和 0.49%。总体上可以认为，在中国企业 500 强效益整体受外部冲击出现下滑的情况下，非金融央企的效率效益不降反升，这很大程度上应该是近年来国资委完善监管、深化改革，尤其是国企改革三年行动红利释放带来的积极结果。

《国企改革三年行动方案（2020－2021）》的实施，同样推动了地方国有企业效率效益的部分改善，但总体改善情况不如非金融央企。2022 中国企业 500 强中，地方国企的人均营业收入、人均净利润率分别比 2020 中国企业 500 强中的地方国企提高了 69.63 万元、1.88 万元，收入利润率持平未变；但资产周转率放慢了 0.04 次/年，资产利润率、净资产利润率分别降低了 0.12 个、0.32 个百分点。这无疑在一定程度上体现了近年来地方国资国企深化改革，以及国企改革三年行动对地方国企盈利的积极贡献。

根据 500 强企业在我国的地域分布显示，分布在 29 个省份，最多的三个地区依次是北京、广东和山东，分别是 99 家、57 家和 52 家。仅这 3 个地区入围 500 强的企业就占了总数的近 4 成（见表 3－1）。

表 3－1   2022 年中国 500 强企业地域分布

四大板块	八大区域	所包括的省份
东部（373）	环渤海（179）	北京（99）、天津（6）、河北（22）、山东（52）
	泛珠三角（58）	广东（57）、海南（0）、香港（1）
	长三角（118）	上海（24）、江苏（45）、浙江（49）
	海西经济区（18）	福建（18）
东北（6）	东北三省（6）	辽宁（4）、吉林（1）、黑龙江（1）

四大板块	八大区域	所包括的省份
中部（51）	中部（51）	山西（8）、安徽（8）、江西（7）、河南（11）、湖北（11）、湖南（6）
西部（70）	大西南（42）	重庆（10）、广西（7）、四川（15）、贵州（3）、云南（7）、西藏（0）
	大西北（28）	陕西（10）、甘肃（6）、青海（1）、宁夏（1）、新疆（6）、内蒙古（4）

虽然我国的大型国有企业在国内扮演着举足轻重的角色，但是在国际社会中，能与之相抗衡甚至超越的企业也为数众多，纵观我国大型国有企业发展过程中的突出矛盾，其中，我国的绩效评价系统一直存在诸多问题：虽然国有企业的监管部门近几年大力推进绩效考核，但在实际中其效果并不显著。而对企业经营绩效评价进行研究对于贯彻落实国有企业改革、深化企业内部管理、实现全面协调可持续发展产生了积极的导向作用和激励约束效果。

3.2　企业绩效评价方法

3.2.1　国外绩效评价方法

3.2.1.1　霍尔四尺度法

霍尔（Robert Hall）四尺度法是以四个尺度来评价企业的绩效，即质量标准、作业时间、资源利用和人力资源的开发。

质量标准尺度：分为外部质量、内部质量和质量改进程序三种。作为产品和服务的关键，外部质量由客户或企业外部监督部门提供产品和服务的评价。而内部质量则像企业组织的代言人，它包含了诸如产量、产能、残次品比率等。高水平的内在和外在质量与企业管理者商定的质量改进程序息息相关。

作业时间尺度：霍尔认为，把原材料变为成品的时间段是由作业时间决定的，具体又包括了作业工具维修、设备维护、改变产品工艺设计、项目变更和工具建造等时间。

资源使用尺度：这是一种以度量某种特定资源的消耗和具有相互关系成本的尺度，如直接人工、原材料消耗、时间利用和机器利用情况。这个尺度能直接反映制造产品和提供劳务的直接成本、直接成本因素和间接与机会成本因素。

人力资源尺度：霍尔认为，公司内部管理系统要存在必要的人力资源贮备来嘉奖优秀的员工。

霍尔认为这些非财政指标决定了企业的业绩评价系统，如果想要尽可能避免大型企业与本国其他企业甚至国际社会之间的竞争风险，那么公司管理者就需要通过改变四个尺度来达到目的。因此，这四尺度被霍尔作为绩效评价标准是十分重要并有意义的。而如何衡量作业时间区间对于辅助企业注意到有潜力的增值区域和发掘那些非增值活动也是十分重要的。作业时间的度量为企业机动性提供了大量信息。但是，在现实中要求企业短时间内作出大量的改变是十分艰难的，通常企业只能在一段时间内在几个层面渐渐改进。值得关注的是，无论改进哪种指标都不能以放弃其他指标作为交换，如不能因为改进作业时间而导致产品质量降低。但霍尔的四尺度法也有显著的不完善性——在人力资源开发方面他并没有提出更具体的建议。

在我国的市场经济下，只有优秀的产品和服务才能满足不同的人提出的不同的需求，而这才是关乎企业生存的重点。因此，为了达成企业战略目标，企业多以订单为目标来进行生产，而这就是企业如何进行产品研制与日常经营的作业时间衡量。

3.2.1.2 克罗斯和林奇的等级制度法

克罗斯和林奇（Kelvin Cross and Richard Lynch）提出了可以将企业大战略与财务和非财务信息结合起来的经营绩效评价系统。在业绩金字塔中，高层管理者与股东是企业大战略的决策者，他们决定企业的具体战略目标。战略目标传导方式为多级式自上而下地传导，一直到基层的作业中心。以这种制度为中心，只要企业高层制定了合理的战略目标，基层中心就可以开始着手建立合理的经营效绩指标来达到高层大战略目标的具体要求。最后，将成绩再向上反馈给企业高层管理，以此来制定更多的企业未来战略目标。

业绩金字塔模型的重点在于：企业战略在经营绩效评价体系中是重中之重，体现了业绩目标和业绩指标的相互关系和双赢，展示了一个战略目标在一家企业内如何被自上而下逐渐分解执行和业绩如何自下而上逐级反馈的良性循环制度。这一良性循环系统能反映出企业是否具有持续发展活力，其意义在于为正确的企业业绩评价提供了一个可以量化的过程。

但是业绩金字塔模型的缺点同样十分明显，它并没有注重组织学习。而在当今经济社会中，一个没有组织学习能力的企业无异于自我灭亡，因此，对于学习能力的考核就显得十分重要。

3.2.1.3　卡普兰和诺顿的平衡计分卡

平衡计分卡是根据企业组织的战略目标进行综合考量形成的一套体系。按照卡普兰他们的观点，"平衡计分卡是一种绩效管理的工具。它将企业战略目标逐层分解转化为各种具体的相互平衡的绩效考核指标体系，并对这些指标的实现状况进行不同时段的考核，从而为企业战略目标的完成建立起可靠的执行基础"。

由于平衡计分卡是根据先进的数学模型系统理论建立起来的管理系统，因此，它是一个具有先进性的系统性管理体系。在企业的发展战略已经成为一体的基础上，平衡计分卡是一个经过开发与使用，将其设计的目标、指标和最初活动方案的效率联系起来进行战略目标管理与具体计划实施的体系。它的目的是将企业的战略演变成为具体的行动，以使企业具有能在国际经济环境中分一杯羹的能力。

平衡计分卡对企业目标进行细化分析后将其分成四个不同角度的运作目标，并依此四个角度分别设计合适的绩效衡量指标。它为企业提供的不仅仅是有效运行所需要的信息，而且在面对大量信息的复杂性和不对等性问题的干扰，它更能提供可量化测量的指标，更方便对企业绩效进行评估，进而更容易监控整个企业运营系统，促进企业战略与远景目标的达成。

平衡计分卡作为一种沟通工具，它具有整个系统最基础和最强大的特性。作为一个通过综合考量研究设计的绩效评价指标，它能够条理清晰地展示、描述企业决策战略并使难以量化的战略目标变得具象化。

与优点并存的必然是无法忽略的缺点，平衡计分卡的缺点和其他方法理论一样具有一定的局限性，如果只使用平衡计分卡一种方法，那么很难让一个企业进入自动化管理。平衡计分卡相对其他方法理论更为抽象，这使得一些考核内容以量化形式展示权衡。而且平衡计分卡更侧重的是财务指标，这就意味着当它面对非财务指标时常常不容易建立起来。

一个企业通过一次性确定一个指标来衡量复杂的绩效是很困难的。而作为管理者关注更多的应该是企业价值战略中不可忽视的因果联系，然后将分析结果与其指标规范有机结合起来。虽然管理者自身是可以理解死板的财务指标与灵活的客户及员工之间的关联，但是平衡计分卡却不能在这方面对如何提高绩效作出指引，因而就不能达到预期的目标。

当组织策略和企业结构发生改变的时候，平衡计分卡也应当一同进行调整。因而负面影响就会随之而来。因为更新平衡计分卡不得不消耗大量的人力、物力和时间成本。

平衡计分卡最大的缺点是其很难彻底地下达执行。即使是一份近乎完美的平衡计分卡也需要半年左右的时间才能彻底执行，此外还需要进行几个月的构造调整，让它适合本企业。加上前期开发需要考察了解的事情非常多，所以做好一整套体系加上执行的时间常常需要一年或者更长的时间。但是回报并不总是成正比，有时候衡量指标很难做到完全量化，而衡量方法却又容易反过来影响衡量指标。

总的来说，平衡计分卡相对四尺度法和登记制度法来说更加完善，它做到了适应当代信息化和国际竞争市场的需要，而且可以从财务和非财务两方面进行综合衡量，是第一个能较为周全地计算企业经营绩效的系统，是绩效评价中具有代表性的一种。

3.2.1.4　经济增加值法

经济增加值是获诺贝尔奖的经济学家默顿·米勒和弗兰克·莫迪利尼

亚将关于公司价值的经济模型作为理论基础的一种理论体系。

EVA 是基于税后营业净利润和产生这些利润所需资本投入总成本的一种企业绩效财务评价方法。其公式为：经济增加值 = 税后净营业利润 – 资本成本（包括债务资本和股本资本的成本）。如果 EVA > 0，则说明企业所获利润高于为该项目所投入的资本成本，也就是说企业为股东创造了价值；反之，如果 EVA < 0，则表明股东的投资在减少。

3.2.2　国内企业经营绩效评价方法

3.2.2.1　经济增加值的研究创新

在对平衡计分卡的优劣势分析和针对我国国内经济现状研究的基础上，颜志刚设计了一种新型的 EVA 综合计分卡，尽量达到平衡计分卡的真正平衡。之后，闫梅又将这个新型 EVA 进一步完善，通过构建平衡计分卡与 EVA 相结合的业绩评价体系，进一步细化完善了 EVA 综合计分卡。在此体系中，平衡计分卡构建了价值战略目标的绩效评价指标体系的框架，以提升公司利益价值为目标，完善了战略管理、财务与非财务指标。这是对 EVA 和平衡计分卡的进一步创新和应用。

自 2003 年以来，国家先后颁布了两项针对中央控股的国有大型企业的经营绩效评价方法规定，对部分国有大型企业试行 EVA 考核。直到 2010 年，国资委监管的央企全部开始实行 EVA 考核，使国有企业能够自强自主，更好地对资本进行运作，提升企业活力。

3.2.2.2　从价值链角度对绩效评价研究创新

刘巧芹通过研究运用经济利润模型（economic profit model），并对价值创造动因进行分析，从而创建了一种以创造发掘企业价值为指标的绩效评价体系。她认为，利用经济利润模型来分析公司在发展过程中遭遇的各种来自内外界的影响，之后通过设计出新的绩效评价指标来分析评价企业的经营绩效，进而建立出适合公司发展的绩效评价指标体系。使用这个体系对企业经营绩效进行分析时，可以达到加强绩效评价的效果。

冯丽霞还通过研究将平衡计分卡与建立 EVA 有关的主要程序进行关联，通过对这些程序的研究发现了影响 EVA 的因素，使得绩效评价指标成为一个具有因果相互关系的闭环。一方面，该系统反映了一家公司的综合绩效，它与各种绩效评价指标之间存在着一定的因果关系；而另一方面，顾客、财政、公司运营与组织学习和员工发展等方面之间也存在着一定的因果关系，而这层因果关系的顶点即为财务结果，企业在各个方面的变化最后都会通过财务指标有所显示，进而构成了绩效评价系统中的因果关系链。

3.3 企业经营绩效评价指标权重的影响因素分析

因为所处不同的市场环境，管理层应根据对应的时期区别采取战略指标以适应企业定位、决定评价体系，然后对绩效评价指标的权重维度进行适当分配。绩效评价体系作为一种监督管理系统，需要注意的重点是其所诱发的行为指引的目标与企业战略相同时才可以达到管理者的目的。而企业战略维度分配是由企业能力价值与客户消费观念共同决定的，孰优孰劣更是由管理者对于企业核心能力和战略价值进行综合考量后决定的，也正是由于这些多样化的权重分配才使企业更具生命力。

3.3.1 绩效评价指标在战略管理维度上的分配

从大型国有企业在国内国际环境下所扮演的角色和战略定位出发，可以通过低成本战略、歧异化战略来获得较低的竞争，以吸引更多的客户。将经验曲线原理作为理论基础，当产量提升时，制造产品的成本会稳定地以一种可以计算的方式下降，成本领先战略的目标在于取得相对低的成本。而作为企业管理者首先要考虑的是顾客最需要的服务。当然，假如产品因为过分追求低成本而导致成品质量下降或丧失了特色，就会丧失产品的竞争力。如果企业的核心能力过硬，能够使企业拥有规模完善的生产能力等条件，则可以采取成本领先战略。因此，当一家企业采用低成本策略时，绩效评价指标要更关注成本控制、制造效率、成品质量及交货效率等。

差别化战略是指企业生产出具有独特性的产品或产品周边，从而提升顾客价值，使顾客对品牌产生依赖，并在第一时间降低对品牌的价格感受。假如实现了差别化战略，它就成为在产业链中获得利益的优先考虑战略，因此，它能对各种竞争起到一定的防范效应。一般地，当企业刚转向差别化战略时，应重点控制生产弹性。而在集中落实差别化战略的时候，对能力的要求也更多，比如开发研制能力、高度集中的质量保障、销售运营能力等。而公司的目标是完成顾客提出的各式各样的要求，尽量多地与客户沟通，并从中剖析他们的真实目的，给客户最适合他们的商品，以达到他们的要求。所以，业绩考核从效率目标转向客户需求领域，客户满意度、成品质量、投资回报比等被列入绩效体系。

3.3.2　绩效评价指标在时间维度上的分配

因为一家公司在不同的阶段所展现出的特征不尽相同，所以公司指标也会存在一定的差距，因此，企业在不同阶段关注的重点也不同。针对每个阶段的不同点设计一对一的目标体系，有利于高层在每个阶段时间采取具有针对性的方式以强化企业竞争力。经济学理论显示，一家企业的生命周期是由创立期、成长期、成熟期、衰退期四个阶段构成，由于各个阶段所处的环境有所不同，故绩效评价指标也不同。

（1）企业创立期。处于初始创业期的企业，管理者应熟知如何用为数不多的成本来为企业创造最大的价值。因此，能体现产品开发效率和效果以及员工能力的指标是重要的绩效评价内容。

（2）企业成长期。进入成长期的企业当务之急是在最短的时间内占有主体市场并提升营销能力，促进企业进一步成长成熟。企业不仅要注重研发和设计新产品和服务，还需要开拓新市场并提升营销能力以及发掘潜在客户等。因此，与产品和营销相关以及组织学习相关的评价指标更为重要。

（3）企业成熟期。当企业进入成熟期的时候，市场已经基本稳定，而如何进一步增加股东的盈利是管理者要思考的首要问题，同时，管理者也需要通过降低成本或提高生产力来保证自身产品的市场占有率，甚至于进一步提高市场占有率。因此，与顾客相关的以及内部过程方面的指标和反映获利能力的财务指标更为重要。

（4）企业衰退期。进入衰退期的企业出现停滞或下滑。企业要注意已经在下降的效率，并把重点放在如何以最低的成本使公司获利，将不再能提供利润的生产线变现。因此，现金流量、内部经营效率应成为重要的评价指标，企业要力争实现现金流量最大化，减少资金运营占用。

3.3.3 绩效评价指标在组织结构维度上的分配

空间上的分配主要是以绩效而非财务指标为主。从企业的组织结构来研究推动绩效的成功因素，可以从组织、人员、流程三个方面进行。将这三个因素以数学形式编程并以通俗易懂的形式反映给企业监管部门，这也是一种能够测评一家企业是否具有发展潜力的参考依据。

3.4 本章小结

虽然现在世界经济开始逐渐一体化，但是我国的绩效评价体系并不完善，理论中所提及的优点在实践中并未完全展现，因此在实际操作中多被管理者所抛弃。而通过对现有研究的期刊文献进行了大量的查阅可以发现，我国对经营绩效体系的研究还存在一定的局限性，比如过于重视无关绩效、轻视周边项目绩效，对战略目标考核的科学性有待商议，财政目标也并不完善和具体，反馈机制由于得不到具体的评价结果所以本身也不健全等问题。因此，在此研究分析了国内外常用的绩效评价体系，并针对有特点的国企进行重点分析，并做了如下工作：通过列举常见绩效评价研究方法并尝试分析，针对具有一定代表性的大型国有企业经营绩效评价进行分析，研究适合我国的大型国有企业的评价方法。综合国内外各体系的优缺点及我国国情，作者认为，经营绩效评价作为一个多角度、多层次的系统，服务的主体是企业，目标是实现企业利益最大化及企业价值。而现今由于绩效评价体系的不完善，出现了企业与客户及股东的信息不对等问题，企业在实现目标的过程中也遇到重重困难。因此，当务之急应是根据我国的大型国有企业和中国特色社会主义经济现状建立切合实际的经营绩效评价体系。

第4章

企业社会责任和企业绩效的相关分析

随着社会经济的不断发展，企业在社会中的竞争也越来越激烈。企业社会责任问题越来越被人们所关注，而企业社会责任与企业绩效之间的关系也成为许多学者研究的问题，为了把握好企业社会责任与企业绩效两者之间的关联性，本章以利益相关者理论为依据，分析研究了企业社会责任与企业绩效两者之间的辩证关系并得出结论：企业社会责任与企业绩效呈显著正相关性，两者相互影响、互相促进。

4.1 问题的提出

随着我国市场化进程的加快，企业在经济增长和社会繁荣中扮演着日益重要的角色。在当今社会，利润最大化是企业经营的最终目的，也是使企业在激烈的市场竞争中生存下来的最直接手段。随着民众开始关心消费者权益，政府对企业的管制加强，还有团体、协会声讨企业的高耗能和排污行为等诸如此类的压力的出现，企业不得不承担起自己的社会责任。近年来，我国企业开始公布企业社会责任报告并积极参加社会公益活动，履行企业社会责任逐渐成为企业界的潮流和共识。

随着市场经济的不断发展，我国企业间的竞争也越发激烈，社会责任的履行也逐渐成为企业参与竞争与回馈社会的重要途径。当前企业的各类事故反映了我国企业履行社会责任的意识薄弱，实际措施不到位。企业是社会的基本构成单位，是社会生产的主要承担者，能否正确履行自己的社会责任，对构建社会主义和谐社会关系极大。企业绩效是企业活动的结果，是对企业活动的反馈，履行社会责任后的结果如何，需要通过企业绩效来衡量。通过企业各种绩效的反馈，企业可以明确企业相对于同行企业的竞争优势和劣势，从而有的放矢地调整企业总体战略，赢得市场利润，最终实现企业自身的发展壮大。因此，对两者之间关系的研究具有重要的实际意义和前瞻性。

4.2　企业社会责任和企业绩效关系的实证研究

4.2.1　研究设计

4.2.1.1　研究假设

现代企业发展已经趋于多元化，不仅是自身的经营结构和经营内容，更为重要的是股东的组成也更加多元化。股东的队伍越来越庞大，企业的所有权已不只掌握在一两个人手中，因此，企业对股东的社会责任受到了更广泛的关注和重视。由此得出本章的第一个研究假设：

假设 4 - 1　企业对股东承担的社会责任与企业绩效呈正相关。

如今市场的经济条件日渐完善，企业的发展也越来越依靠外部资金的支持。对于企业而言，良好的债务状况能够实现企业自身经营绩效的提升，能够更好地促进企业自身的发展，从而实现债务的偿还。由此得出本章的第二个研究假设：

假设 4 - 2　企业对债权人承担的社会责任与企业绩效呈正相关。

企业的发展离不开上游供应商的支持，因此，企业与供应商之间良好的关系能加快两者间的合作与发展。由此得出本章的第三个研究假设：

假设4-3　企业对供应商承担的社会责任与企业绩效呈正相关。

企业的经营内容以及经营方式无疑与员工的付出和工作效率密不可分，企业对员工的责任能够换来员工更高工作效率的回报。由此得出本章的第四个研究假设：

假设4-4　企业对员工承担的社会责任与企业绩效呈正相关。

企业主动承担起对消费者的责任，提供物美价廉的商品和优质的服务，既能吸引更多的消费者，形成忠诚度较高的消费群体，又能树立良好的口碑，提升企业自身形象，进而创造出更多的利润。由此得出本章的第五个研究假设：

假设4-5　企业对消费者的社会责任与企业绩效呈正相关。

企业主动承担对政府的社会责任有利于获得政府的支持，从而让企业能够在一定程度上享受政府的相关优惠政策以及税收优惠措施。这样有利于企业整体的发展，对企业自身的改革具有积极的优化作用和意义。由此得出本章的第六个研究假设：

假设4-6　企业对政府承担的社会责任与企业绩效呈正相关。

热心社会公益的企业能够建立起积极的社会形象，也能够得到社会各方更多的支持和帮助，使企业能够持续、有效地运营。由此得出本章的最后一个研究假设：

假设4-7　企业对公益事业承担的社会责任与企业绩效呈正相关。

4.2.1.2　样本选择与数据来源

本章以我国的公司为样本，主要从其财务报表中披露的数据来反映企业社会责任和企业绩效。为保证研究的准确性和可信度，排除了在深交所上市交易的创业板公司。因为该类公司与A股的准入条件不同，放在一起分析可能会误导结果。还有一些可能会对结果产生影响的次要因素也一并排除在外。本章所分析的公司全部是来自在沪深两市挂牌、以人民币交易的企业，考虑到财务数据的波动性，剔除了代码为*ST的公司以及退市或暂停上市的公司、数据缺失以及财务出现异常的公司。最后，共选取3381家公司 2022 年数据作为样本，采用的数据主要来自 Wind 资讯数据库，数据处理采用 Stata 17.0 软件进行处理。

4.2.1.3　变量的设计

（1）变量定义。基于以上假设，借鉴相关文献研究的经验，本章选取如下变量：一是因变量，即被解释变量，在本章就是指用来衡量企业绩效的指标。企业绩效的衡量指标比较多，但是主要的指标有以下两种：净资产收益率（ROE）和总资产报酬率（ROA）。通过总结一些学者的研究结果，对于企业绩效的评价指标，本章选用比较具有综合性的净资产收益率（ROE）。二是自变量。关于企业社会责任的评价指标，本章设计了以下 7个指标来评价企业的社会责任。每股收益（EPS）衡量对股东的责任、主营业务税费率（TAX）衡量企业对政府的责任、员工获利水平（EI）衡量对员工的责任、现金流量负债比率（ZQR）衡量对债权人的责任、主营业务成本率（XFZ）衡量对消费者的责任、应付账款周转率（SUP）衡量对供应商的责任、社会捐赠支出率（SD）衡量对公益的责任。三是控制变量。根据多位学者的研究成果，不同的规模、不同的所有制性质调查研究等因素都会对企业绩效造成影响，本章引入企业规模（SIZE）、企业所有制性质（OWNER）作为控制变量。

所设指标具体如表 4 - 1 所示。

表 4 - 1　　　　　　　　　　　变量解释

变量类型		变量	变量名称	计算方法
因变量	财务绩效	ROE	净资产收益率	净利润/平均净资产 ×100%
自变量	对股东的责任	EPS	每股收益	净利润/总股数
	对政府的责任	TAX	主营业务税费率	支付的各项税费/营业总收入 ×100%
	对员工的责任	EI	员工获利水平	支付给职工以及为职工支付的现金
	对债权人的责任	ZQR	现金流量负债比率	经营现金流量净额/负债总额 ×100%
	对消费者的责任	XFZ	主营营业成本率	营业总成本/营业总收入 ×100%
	对供应商的责任	SUP	应付账款周转率	营业成本/平均应付账款余额 ×100%
	对公益的责任	SD	社会捐赠支出率	慈善捐赠支出额/营业总收入 ×100%

变量类型	变量	变量名称	计算方法
控制变量	SIZE	企业规模	Ln（期末总资产）
	OWNER	企业所有制性质	国有企业（第一大股东为国有法人）取 1，否则取 0

需要指出的是，企业的慈善支出是从合并会计报表中营业外支出项目中获取的。

（2）模型构建。通过对因变量、自变量和控制变量指标的分析与选择，结合之前学者的研究，本章构建了一个多元回归模型来加以分析：

$$ROE = \beta_0 + \beta_1 EPS + \beta_2 TAX + \beta_3 EI + \beta_4 ZQR + \beta_5 XFZ + \beta_6 SUP \quad (4-1)$$
$$+ \beta_7 SD + \beta_8 SIZE + \beta_9 OWNER + \varepsilon$$

其中，β 为待估参数，ε 为随机扰动项。

4.2.2 结论

通过实证分析可以得出：

（1）企业对股东（EPS）和债权人（ZQR）承担的社会责任与对企业绩效（ROE）的影响方向与预期方向是一致的，假设 4 – 1 和假设 4 – 6 得到了验证。这与当前我国企业普遍以资本逻辑制度占主导地位的情形是相符的。企业积极履行对政府的责任，会得到政府的支持，因此，企业对政府承担的社会责任也与企业绩效正相关。

（2）企业对员工（EI）和消费者（XFZ）承担责任与企业绩效是负相关的，结论与原假设 4 – 4、假设 4 – 5 正好相反，也与人们的普遍期待似乎不相符。履行对员工的社会责任，可能意味着更高的报酬与福利、更舒适愉悦的工作环境与氛围，这固然可能会提高员工的劳动生产率，但对企业来说也必然带来更高的成本支出。履行对消费者的责任往往需要企业投入更多，如提高产品质量、加强售后服务、开展消费者教育等成本。这些成本的增加会减少可用于其他生产或经营活动的资金，从而在短期内对企业的财务绩效产生负面影响。

（3）企业对供应商（SUP）、公益（SD）承担的责任与企业绩效的相关性不显著。目前我国上市企业对供应商的议价能力相对较强，供应商缺乏足够的实力去制约企业，从而导致企业履行社会责任的动力不足。企业履行公益责任的积极影响可能需要较长时间才能显现，而短期内市场和消费者可能无法立即感知到企业履行责任的价值。因此，企业在短期内可能无法获得足够的市场回报来弥补其投入。

4.3　相关建议

4.3.1　企业自身

4.3.1.1　树立企业的社会责任意识

企业是社会大家庭中的一员，有义务来维护社会的稳定和行业的和谐发展。企业应当树立社会责任意识，在实现自身经济目标的前提下，也应承担起对社会的责任。企业应当将履行社会责任作为企业的重要战略决策，其产生的成本投入可视为企业的长期投资，在未来会获得超额的收益。

4.3.1.2　将企业社会责任具体分解、渗入企业控制体系中

对于国内大多数企业来说，企业的高层与基层员工在企业社会责任的认知上有着很大差距，虽然高层管理者经常谈及企业社会责任，但不少基层员工还不太懂什么是企业的社会责任。不将社会责任的战略目标具体分解到企业的内部控制体系，很难确保将企业社会责任的履行能落到实处。因此，要将企业社会责任战略目标渗入企业内部控制的各个环节中，并定期对企业的基层员工进行社会责任意识的培训，尽力做到使每一名员工都能领悟到企业履行社会责任的必要性。

4.3.1.3 积极公布企业的社会责任报告

企业应积极编制真实可靠的企业社会责任报告来供利益相关者及其他外部信息使用者阅读，并能使社会公众对其社会责任的履行情况进行监督。

4.3.2 政府监督

4.3.2.1 加强政府监管

政府应完善企业社会责任方面的法律法规，督促并培养其树立社会责任意识，积极履行社会责任，通过政府的监管、立法和执法，使企业将社会责任融入其义务和责任。

4.3.2.2 对企业进行经济激励

在运用法律和行政措施的基础上，政府还可以通过经济手段奖励和引导企业履行其社会责任。从目前来看，仍有不少企业担心社会责任的承担会增加企业的财务成本，降低企业的市场竞争力。那么政府部门可以通过市场准入、政府采购、税费减免、信贷支持等措施激励企业主动承担其社会责任，从而减轻企业的经济压力。

4.3.2.3 建立企业社会责任的标准评价体系

政府可以借鉴西方较为成熟的企业社会责任评价体系，根据我国国情，制定出一套符合我国企业社会责任履行情况的评价体系。通过该体系，可以对企业的社会责任履行情况进行评价，并形成报告公开披露，促进企业更好地履行其社会责任。

4.3.3 其他监督

其他各方如行业协会、消费者协会、金融机构、环保组织、非政府组织、大众媒体等都可采取相应办法来监督企业积极履行社会责任。

4.4　本章小结

本章研究企业社会责任与企业财务绩效之间的关系的主要目的在于证明两者之间存在辩证关系，其中一个发生变化，另一个也会随之发生变化。这样企业就能意识到履行社会责任和提升财务绩效是息息相关的，并且是必不可少的，就能够促使企业积极主动地履行社会责任，实现企业与个人、社会及国家和谐发展的目标。企业应将履行社会责任作为企业重要战略的有机组成部分，与政府、社会公众、员工、供应商、债权人等建立良好的关系，保障企业利益相关者的利益，使其建立起更高水平的竞争优势，为未来企业发展创建一个和谐的经营环境。

第5章

员工工作满意度与工作绩效的关系研究

在竞争日益激烈的市场环境下，忠诚客户群已经成为各家公司争夺的最重要资源之一，几乎所有企业都认识到顾客的满意度是企业获得长久利益的前提和保障。而在各种产品逐渐同质化的今天，顾客的满意度已经不仅仅来自产品的核心功能，更多地将倚重于企业所提供的附加产品，如客户服务等。于是如何提高自身的客户服务能力成为诸多企业研究、探索的课题，但是无论服务的理念如何更新、服务的方式如何变化，服务的载体始终不变，那就是企业自身的员工。

通过国内外文献的阅读可以了解到，企业想要提高整体绩效，就必须关注员工的个人绩效，员工满意度是工作绩效的主要影响因素，但已有的理论和实证研究的研究结论中并没有权威的研究说明员工满意度和工作满意度之间的直接影响关系，学者认为这两者之间可能存在未知的调节或中介变量的影响，很多学者也对此表示有待研究。本章对企业员工工作满意度与工作绩效关系研究的相关文献进行梳理、分析、研究。

5.1 问题的提出

自20世纪20年代以来，工作满意度和绩效这两个领域以及两者关系的研究就非常广泛和普遍，但是理论纷杂，并没有得到普遍公认的完美的答案。由相关的文献研究可以发现，工作满意度是一种较宽泛的概念，更多的研究发现，它对绩效的影响并不明确。而大量的研究说明了工作投入更明确地体现了绩效在一个人价值观中的重要程度，它对绩效的影响更直接、更容易体现。而组织承诺较之满意度是一种更加稳定和持续的态度，它对绩效的影响也是明显的和高相关强度的。近些年来，许多研究者也开始了寻求其他量或者不同的中介变量及干涉变量来对两者的关系作进一步的研究，并且还结合各种组织环境因素、工作条件、员工个体差异、工作特征等进行研究。作为工作态度，工作满意度比工作投入和组织承诺更加易变，对绩效的影响也相对较弱。有研究发现，工作投入与组织承诺是工作满意度与绩效间的重要的中介变量，也有研究进一步把工作投入、组织承诺作为工作满意度与绩效关系的中介变量，在不同的行业和应用领域来对满意度与绩效关系进行研究。

我国学者对这个问题的研究才刚刚开始，对有关问题的认识还相当混乱。对于工作满意度和工作绩效关系的研究主要存在三种不同的理论观点，即早期的因果关系论、近期的非因果关系论和新近的重新定义概念论。但是，工作满意度是一个复杂的心理系统，工作绩效是一个复杂的行为结果系统，在工作过程中它们是不断变化的，它们自身包含的因素很多，影响它们的因素也很多，它们同时还会影响其他的许多因素。

5.2　A 企业员工工作满意度存在的问题

5.2.1　A 企业简介

随着 A 公司的市场份额逐步扩大，在市场中取得领先地位已成为 A 公司的战略目标。但随着所在行业的市场竞争日趋激烈，A 公司正面临着发展的瓶颈。而 A 公司的管理层已经意识到人力资源管理的落后极大地制约了公司朝着更高层次目标迈进。因此，有必要对 A 公司进行员工满意度调研以全面了解公司人力资源管理现状。

此次调研将从第三方的角度观察公司经营理念是否得到体现，并根据调研的结果判断人力资源的各项战略目标是否完成，以及听取员工各方面的反馈，为下一年度的经营管理提供决策依据。调研结果将为 A 公司如何合理配置人力资源提供决策支持，并为公司的长期人力资源战略实施作出指导，同时也为公司的企业文化建设和经营理念创新提供数据参考。

本调研分析报告将根据调研统计数据对 A 公司的员工满意度整体状况作出概述，并从员工满意度模型出发分析 A 公司的管理现状，进而探索影响员工满意度的本质问题，为公司制订人力资源战略提供数据支持。

5.2.2 统计数据结果

5.2.2.1 调查情况概述

2022 年 8 月 23 日至 25 日，A 公司人力资源部 3 位主管与中消研公众消费民意测验调查中心的调研员一起对 A 公司进行了员工满意度调查，现对此次调查状况作如下概述。

（1）本次员工满意度调查使用标准问卷调查法，采用的是国际通用型量表，即《员工满意度调查测试问卷 3》。

（2）本次满意度调查是面向全体员工的调查，除出差及请假的人员外，其余所有人员都参与了调查活动，调查的总人数为 1146 人，其中，员工930 人、管理者 216 人。

（3）所有被调查对象的心态都非常好，而且他们对员工满意度的有关知识和作用也有较深的了解。他们以开放的胸怀和真诚的态度表达了对公司满意和不满意的信息。

（4）本次调查的结果是客观公正的、可靠的和真实的。本次员工满意度调查活动共发出调查问卷 1146 份，收回 1141 份，无效问卷 6 份，有效问卷 1135 份。统计结果如表 5-1 所示。

5.2.2.2　调查数据统计

A公司员工满意度调查数据统计如表5－1所示。

表 5 - 1　　　　　　　A公司员工满意度调查数据统计　　　　　　　单位：份

序号	内　容	答　案			
		A	B	C	D
1	与人交流沟通时，往往言辞急促或操之过急	10	30	450	345
2	遇到突发事件往往信心不足或有些害怕	150	42	56	597
3	工作时经常感到无奈，没有方向感	30	49	79	887
4	上司让人很反感	41	81	175	738
5	常有莫名其妙的恐惧感	62	27	410	436
6	有些事情很急，明知该干，但也不想去干	20	0	122	933
7	对薪酬福利感到不满意	589	10	201	135
8	身体和精神经常不好或腰背疼，有时肠胃不好	64	26	511	134
9	基本上不与家里人谈论工作上的事	69	27	451	488
10	和同事的矛盾和误会很多	137	30	299	569
11	更喜欢一个人独自工作	99	17	427	92
12	经常怀念往事，对现在的景况感到不满意	54	19	82	780
13	总在想：多一事不如少一事	25	18	293	599
14	领导说的事情，有时明知是错的也照做	22	13	511	489
15	不想学习新的技能和技术	1	1	54	1059
16	员工们得到的待遇不是公正、公平、公开的	119	13	220	683
17	常有辞职或发泄一通的念头	15	9	87	1014
18	朋友越来越少了，在公司里更没有知心朋友	124	18	312	481
19	总是反对下属或同事的不同意见	1	24	556	154
20	以前的许多兴趣现在都没有了	109	117	321	597
21	经常忘记一些重要的事情	34	9	228	804
22	工作环境经常很乱、缺乏条理	7	10	123	895
23	迟到与缺勤是常事	1	9	88	1037
24	工作出色时上司基本上没有表示过赞赏	84	9	139	813

续表

序号	内 容	答 案			
		A	B	C	D
25	常常记不起今天是几月几号、星期几	36	70	355	674
26	公司的制度不遵守也无所谓	1	7	22	1105
27	总认为自己比一般人要高明	23	100	69	943
28	从不相信上司的承诺	8	8	321	788
29	基本上不乐于帮助人	2	12	23	1098
30	对企业的大多数事情都不感兴趣	64	98	107	866
31	经常说一些违心的话、做一些违心的事	9	67	95	994
32	和同事间的关系比较冷漠	41	40	47	1007
33	在公司没有任何发展前景	53	127	211	744

5.2.3 总体满意度现状分析

5.2.3.1 员工满意度指数说明

A 公司的员工满意度分数为 78 分,这个分数比较客观地反映了 A 公司目前的人力资源管理状况。这个分数同时说明企业的敏感状态群体员工较多,他们缺乏良好的心态,责任心较弱,A 公司必须进一步改善管理以提高员工满意度。

指数说明:当分数低于 60 分时,说明企业的管理存在严重的问题,必须立即进行改进;当分数高于 90 分时,说明员工热爱企业,企业的凝聚力和向心力都很好,员工具有良好的心态和工作热情;当分数在 60~90 分时,说明企业的敏感状态群体员工较多,他们缺乏良好的心态,责任心较弱,必须进一步改进管理。

5.2.3.2 员工满意度分析

人力资源管理强调人的社会性,而不是将人完全看作工具。人是有思想、有感情、有价值、有需要、有尊严的,所以管理者的功能不仅要让员工定量地完成工作任务，更要充分调动员工的积极性。其更深层次的目的在于让员工在精神、社交、自我价值等方面都得到一定意义上的满足。

员工满意度研究作为人力资源管理的基础，其不但可以作为诊断管理水平的工具，而且可以作为企业业绩的扫描仪。员工满意度的高低将直接影响到员工士气、人员流动率、管理成本、生产力等，对公司长远发展战略的实施成效具有决定性的影响。

从统计结果中可以看出，A 公司员工对薪酬普遍感到不满意，对工作群体的满意度以及企业文化建设方面的满意程度处在一个较低的水平。相比较而言，员工的学习欲望以及同事之间的互相协助精神则达到了一个非常高的水平，同时，绝大多数员工认同并遵守企业的规章制度。作为一家快速成长的企业，A 公司的快速发展受制于人力资源管理的落后，A 公司人力资源管理机制的不完善直接导致员工满意度现状与企业的管理目标之间存在较大的差距。

5.3　A 企业员工满意度和工作绩效的关系研究

5.3.1　研究设计

5.3.1.1　统计方法

统计分析法：用 SPSS 统计软件对问卷进行分析和检验，包括对问卷信度和效度的检验，以及对数据进行描述性统计分析、差异分析、相关性分析和回归分析。

此次问卷调查借鉴国外权威调查问卷，首先，将问卷分为两部分，第一部分是"激励满意度问卷"，主要是与员工激励因素和满意度相关的 21 条测量条目；其次，将"工作绩效问卷"中的 10 个测量条目放在问卷后面。问卷调查的目的主要是用于研究 A 公司现行的激励因素与员工的工作绩效之间的关系以及关系的程度。

5.3.1.2　研究模型

以激励因素为自变量、绩效为因变量探讨激励与绩效之间的关系，并检验激励因素满意度在人口统计学变量上的差异是否显著（见表5-2）。

表5-2　　　　　　　　　　　　　指标变量

自变量	因变量	人口统计学变量
激励因素	任务绩效	性别
薪酬与福利	工作绩效	年龄
学习与发展		学历
工作环境		工作职级
工作本身		

5.3.2　问卷分析结果

5.3.2.1　员工激励因素满意度问卷信效度分析

1. 基于原问卷的探索性因素分析。由于本研究使用的测量工具均是国外成熟量表，尽管具备一定的权威性，但其在本土的适用性仍待考究，尤其是对于具有浓重本土气息的国有企业，为了保证问卷具有良好的信度和效度，拟选取小规模样本进行预测试，其探索性因素分析结果为 KMO > 0.5、Sig < 0.05，说明该问卷在本土情景下仍然适合作因子分析。

问卷中的 21 个测量条目分为激励因素的 4 个因子，对各个因子中的测量条目作因子分析，KMO 值为 0.762，Bartlett 球形度检验 Sig 为 0.000，表明预测试数据满足因子分析的条件，本研究采用主成分分析并使用最大方差法进行旋转，从旋转后的成分矩阵可以看出，"工作环境和工作条件""奖惩公正性""管理制度"三个条目的因子载荷在对应的维度上取值过小，而"工作稳定性"条目在两个成分上因子载荷比重较大且接近，不易区分，因此考虑将"工作环境和工作条件""奖惩公正性""管理制度""工作稳定性"四个条目予以删除，形成正式测量问卷。

2. 基于正式测量问卷的信效度分析。问卷在预测试的基础上删除了"工作环境""奖惩公正性""管理制度""工作稳定性"4 个无法与其因子归类的条目。

（1）信度分析。各维度的 Cronbach's Alpha 均介于0.806~0.879，表明量表信度较好，说明此次问卷调查数据具有较高的信度。

（2）效度分析。同样，效度分析中 KMO > 0.7、Sig < 0.05，该问卷适合作效度分析。

（3）共同度。每一个测量条目的原始包含度都为"1"，在此次问卷中，共采纳 17 个测量条目，它们的包含度都在 0.5 以上，说明问卷的包含度良好。

（4）解释的总方差。解释总方差为 72.685，在统计学上也说明问卷条目的有效性。

（5）旋转后的成分矩阵。旋转之后的成分矩阵与预测中保持一致，充分证明实际问卷的可行性。

5.3.2.2 工作绩效问卷信效度分析

与激励因素一样，问卷中将工作绩效分为"任务绩效"和"关系绩效"，每个因子下又包含 5 个测量条目；通过对工作绩效问卷进行预测试和探索性因素分析发现，使用最大方差法旋转，工作绩效量表各条目的因子载荷呈现两极分化，其对应维度的载荷均比较大，易于区分，这与原问卷维度划分的结果一致，这表明本研究所采用的工作绩效问卷在本土具备较好的适用性，也就是说，该问卷在内部员工的测试中是适用的。

5.3.2.3 变量的相关分析

通过相关性分析可以得出"薪酬福利""工作本身"与"任务绩效"和"关系绩效"都具有相关性，"学习发展""工作环境"与"关系绩效"具有相关性。

5.3.2.4　回归分析

回归分析主要用于测量自变量对因变量影响的程度。

（1）员工激励因素对任务绩效的影响。

经过分析，人口统计学的变量中的"年龄""职级"对激励因素满意度有显著影响。"薪酬福利"对任务绩效有正向影响，即"薪酬福利"每变动1单位，将引起任务绩效 0.392 单位的变动；"工作本身"对任务绩效的影响亦如此。

（2）员工激励因素对关系绩效的影响。

a. Predictors：（Constant），工作职级、性别、学历、年龄、工作环境、薪酬福利、学习发展、工作本身。

b. Dependent Variable：关系绩效。

从员工激励因素对关系绩效的检验中可以看出，"薪酬福利""学习发展""工作本身"对关系绩效都具有正向影响，影响的程度分别为 0.267、0.216、0.197。

5.4　本章小结

在问卷的研究中可以看到，激励因素对工作绩效有不同程度的影响，其原因可能是随着社会的不断发展与进步，除了薪酬福利之外，员工逐渐注重学习与职业发展，也开始关心工作的环境及工作本身的意义。这也正符合马斯洛需求层次理论，即当人在解决了"生理需要""安全需求"之后，开始追求"爱和归属感"，最后达到"自我实现需求"的最高境界。

1. 人口统计学变量中的"年龄"和"性别"对激励满意度有影响，其原因在于，在年龄变量中，随着"80 后""90 后"进入公司，新一代的员工在房贷、新兴消费等的压力下，激励因素对其与其他年龄段的员工有所不同；进一步可以得出，激励因素满意度对于公司不同年龄段员工的激励作用不尽相同。性别变量的影响则可以解释为，社会舆论导向对于男性员工赋予的责任更加重大;"养家糊口""顶梁柱"等根深蒂固的传统观念依旧影响当代员工,所以,性别差异也会对激励满意度造成不同影响。

2."薪酬福利""工作本身"对任务绩效有正向影响。首先,对于一个吃了很久"大锅饭"的国有垄断企业来讲,薪酬的浮动必定会带来工作绩效的变动;一个习惯了"干与不干差不多"的群体,一旦薪酬福利有所变动,即"多劳多得",必然会出现工作绩效的大幅度变动。其次,在满足了生活需要之后,现代员工也开始关注"工作本身"带来的满意度,工作本身的丰富性、成就感等在一定程度上影响着完成工作的时间、质量等,这是现代员工与传统员工有所区别的地方。

3."薪酬福利""学习发展""工作本身"对关系绩效都具有正向影响。员工发展不断与市场接轨,薪酬福利、学习发展、工作本身对于员工的关系绩效又有显著的影响,其中,"薪酬福利"的影响最为明显。薪酬福利作为最有激励作用的因素,在未来的绩效改革中必定起至关重要的作用;同时,薪酬改革中也不能忽视"学习发展""工作本身"的因素对员工的激励作用。

第6章

胜任力内涵与人力资源绩效的关系

随着社会分工的不断细化，企业对于员工素质的要求越来越高。一个员工能否胜任自己的本职工作是衡量员工个人能力的一个重要指标。本章将从新时代员工胜任力内涵与人力资源绩效的相关关系开始研究，进而对传统的绩效管理做一个简单的比较分析。通过本章的分析研究，希望能够对企业更好地进行员工管理、使员工意识到自身差距并专注自身能力的提升提供借鉴意义，并且希望能够最终促进企业的发展、实现企业与员工的双赢局面。

6.1　问题的提出

人力资源对企业来说是重要的资源之一，企业间的相互竞争，归根结底是人力资源也就是符合企业需求的人才的竞争。当今社会已然迈入了一种全新的知识经济时代，知识、信息成为基本的生产要素，生产方式以消耗人的智能为主。所以，人力资源就变得至关重要，成为经济发展和社会进步的动力引擎。

当前对于绩效管理中人力资源的研究就慢慢成为企业和整个社会研究

的重点和热点，基于员工胜任力研究的文章也不在少数。例如，1973 年，麦克利兰教授发表了题为 "*Testing for Competence rather than Intelligence*" 的文章，提出用胜任力取代传统的智力测量，强调从第一手材料入手，直接发掘那些能真正影响工作业绩的个人条件和行为特征，为提高组织绩效和促进个人事业成功作出实质性的贡献。

从我国国内来看，我国自 20 世纪 90 年代以来，对于胜任力的研究不断发展，但目前来看仍旧处于探索阶段，许多企业并没有认识到胜任力的多种内涵以及利用胜任力为企业服务。因此，对胜任力内涵的研究非常迫切且必要。

对于胜任力的研究具有多项意义。例如，胜任力系统的合理使用可以降低员工离职率，从而节约经营成本，由于它具有动态性，还可应对组织突如其来的变化，最重要的是，它可以激发员工的潜能、提高绩效、给组织带来最大的价值。因此，胜任力模型是 21 世纪一个非常重要的工作发展体系，胜任力模型正迅速地成为 21 世纪工作发展的标准和业绩管理标准。对于胜任力的研究有利于企业在人力资源管理中针对员工的个性特征与特点对待每一个员工，也能够让企业在人力资源管理方面更加的精准化与专业化。

6.2　胜任力内涵及特征

6.2.1　胜任力内涵

"胜任力" 的概念最早由哈佛大学教授戴维·麦克利兰（David McClelland）提出，胜任力是指能将某一工作中的卓越成就者与普通者区分开来的个人的深层次特征。胜任力可以是任何可以被测量、计数的个体特征，这种个体特征需要能够区分优秀者与普通者。它可以是个人形象、工作态度、工作创新方法、对专业领域知识技能的精通等。

许多学者赋予胜任力更为广泛的内涵，将胜任力划分为以下三个维度：

职业、行为以及战略综合。其中，职业维度代表着一个人的日常业务技能以及处理自身工作的能力和水平。行为维度是抽象的维度，是指在处理任意事务时所表现出的特征。战略综合维度是指在某种特定的情况下组织能力的发挥。

6.2.2　胜任力特征

目前，学者们对于胜任力与绩效的关系研究不胜枚举。目前的研究认为，评估个人能力的目标是提高组织绩效。从绩效的角度来说，能力是对特定工作中工作绩效的重大贡献。这些特点包括完成本岗位的本职工作、开发出新技能等的绩效目标。

在人力资源管理领域，胜任力主要具有三个特点：一是与工作绩效密切相关，胜任力可以用以预测个人绩效。这点不难理解，对于一个公司和员工来说，完成指定的工作任务是至关重要的。这不仅仅是一个公司立足于市场的根本，也是一个员工能够在公司长久工作、生存下去的根本。二是与个人任务情况相互关联以及与个人完成任务的情况密切相关。每个公司都有其对于员工的个人分工，这种个人分工在很大程度上是根据员工所擅长的领域来划分的。对于员工来说，能否胜任公司交给的本职工作与最终的个人绩效也是密切相关的。所以才有了第二点谈到的胜任力与个人任务情况相关联。与其这样表述，倒不如说胜任力与个人任务的完成情况相关联。个人任务完成得好，说明员工可以胜任这个工作。个人任务完成得不尽如人意，也在一定程度上说明了员工不能够胜任，或者说不适合目前所从事的工作。三是这个能力应该是可区分的，胜任力是可以用以区分员工表现好坏的。胜任力可以用来预测员工的未来表现，也可以作为评估员工绩效的依据。此外，还有更多关于胜任力与绩效之间的关系研究。有学者发现，通过整合员工的个人资源和单位的战略目标可以建立提升绩效的核心竞争力。为此，将成功因素与人力资源管理工作的重点结合起来向员工发挥潜力方面转移的同时，也要根据员工素质进行现代人力资源绩效管理，从而实现高效绩效管理。

6.2.3　胜任力与绩效的关系

根据胜任力特征的显现程度不同可以将胜任力分为外显性胜任力以及内隐性胜任力，也就是著名的"冰山模型"。

外显性胜任力主要包括个人的知识水平以及业务技能。外显性胜任力是冰山模型中漂浮在水面上的部分。这点不难理解，既然是漂浮在水面上的部分，说明这部分很容易被人们所发现，在企业的工作当中，员工所表现出来的特征也是很容易被察觉和发现的。举个最常见的例子，外显性的胜任力在毕业生找工作的场景中非常适用。许多用人单位筛选简历时可能首先考虑的就是求职者的毕业学校与所学专业。虽然不绝对，但是这两者在一定程度上代表了求职者的知识水平和能力层次。外显性的胜任力对于一个人找工作来说是一块"敲门砖"，这种外显性的胜任力可以让别人更加地了解你、在短时间之内更加清楚你做过什么、你个人的特征是什么以及你以后适合从事什么样的工作、适合与什么样的人相处等。

而与之相反的是，内隐性胜任力涉及个人的自我形象、深层次人格、社会角色以及内心深处的想法等。内隐性胜任力是冰山模型中水下的部分，水下部分通常比较隐秘，即使耗费大量时间进行观察也很可能毫无发现。同样地，这几种特征通常是与生俱来的，或者是在人的长期学习过程中所积累的。因而对于企业来说很难培养，这点也是用以区分业务水平很高的员工即绩效优异者和绩效平庸者的很重要的一点。有的企业可能觉得外显性的胜任力比内隐性的胜任力要重要得多，但其实这是没有真正认识到员工价值的一种表现。企业不仅仅要关注员工的外显性胜任力，更应该从各种活动、各类事件中挖掘员工的内隐性胜任力。而作为员工的内隐性胜任力如果得到合适的挖掘和利用，对于公司来说，回报是丰厚的。这不仅仅有利于员工个人的发展，更是关系到公司发展的大事。

那么，具体来说，胜任力与绩效有着何种密切的关系呢？首先，胜任力与工作的绩效密切相关，可以用一些被广泛接受的标准来测量，从而可以预测员工未来的工作绩效，并能通过激励与开发加以改善和提高。只有了解了员工对于目前工作岗位的想法，才有可能更好地去理解员工的想法，同时去观察员工的各种特征，包括员工在工作当中所遇到的问题和困难等。通过这些观察不难得出相关的结论，同时也能够对该员工是否能够胜任其目前所从事的工作作一个总结。其次，胜任力具有可区分性。这点不难理解，胜任力可以用来区分员工的"好坏"以及员工做事情的效率，从而得出相关结论。企业也可以更有效地任用员工。外显性胜任力只是针对个体基本素质的要求，对于特定的职业必不可少，但不足以将绩效优秀者和绩效一般者区分开来；内隐性胜任力难以用一般方法测得，但对绩效却起着关键性的决定作用，能够将绩效优秀者和绩效一般者区分开来。总之，外显性胜任力和内隐性胜任力一起共同决定着个体的具体行为表现。

6.3　构建基于胜任力的现代企业人才管理体系的意义

6.3.1　传统的基于岗位的人力资源管理体系的弊端

在传统的人力资源管理活动中，岗位分析常常用来确定组织内工作的权责范围、岗位目的及任职员工的素质要求，并据此形成相应的岗位描述和规范。这种以岗位分析为核心的组织人力资源管理系统有利于明确各员工的工作内容及范围，但是也存在着明显缺陷。

6.3.1.1　无法满足岗位动态变化的要求

随着竞争的加剧，组织营运的方式随时可能发生变革，因此，以对现状总结为基础的岗位任职体系无法适应业务对岗位变革的要求。随着业务流程的快速变革，可能出现新近花费巨资打造的岗位体系一夜间时过境迁，这无疑向基于岗位的人力资源管理体系提出了严峻的挑战。

6.3.1.2　无法适应岗位新要求

在构建范式上，岗位分析通常通过发放问卷或访谈等方式来对员工进行调查，其所得到的更多是对于员工过去工作经验的总结。这种以历史经验为基础的岗位体系根本无法满足岗位的新要求，特别是在一些快速发展的行业中，岗位既往经验信息可能与组织发展所期望的要求存在较大差异，根本无法在实际工作中推广应用。

6.3.1.3 影响任职者潜能的发挥

虽然岗位描述中确定了各个岗位的主要职责，但如果员工仅据此来开展工作，极有可能造成工作边界模糊。在薪酬体系上，按岗付薪的理念往往导致能者多劳，但"多劳"者因岗位限制却不一定"高薪"，甚至出现"低薪"的状况。同时，完全要求任职者按照岗位描述来开展工作还可能忽视任职者的主观能动性和创造性，影响任职者潜能的发挥。因此，随着组织内外环境的变革，基于"岗位"的人力资源理论基础在实践中受到了严峻挑战。以"岗位"作为基本管理构件适用于稳定环境中的组织，无法满足动荡环境下组织对灵活性的要求。岗位虽然在早期的人力资源管理体系中起到了重要的作用，但是到了知识经济时代的今天，随着组织扁平化、网络化、团队化趋势的推进，仍然把岗位作为组织人力资源管理的核心就显得不合时宜。

6.3.2 构建基于胜任力的新型人力资源管理体系的意义

6.3.2.1 有助于更好地贯彻落实组织战略

以胜任力为核心的能力发展体系是有针对性的体系，它明确了对组织发展起到重要作用的胜任力有哪些，并将它们分解为具体的、可以培养的行为特征。通过核心能力的构建，胜任力体系能够帮助组织形成核心竞争力，进而推进组织的战略落地，成为组织变革的有效推进器。

6.3.2.2 有助于组织实现人岗匹配

研究表明，组织内员工在适合其专长、性格、个性特点、兴趣等的岗位能够产生更高的生产效率。因此，利用胜任力模型及恰当的测评手段可以发现员工与岗位的匹配度，从而为合理配置员工提供有价值的参考建议，进而帮助组织在更大程度上实现合理的人岗匹配。

6.3.2.3　有助于增强组织领导班子建设

胜任力模型库的重要作用是它所包含的能力涵盖了组织各职位的出色绩效的所有特点及行为，其中，专门针对领导者岗位而设计的素质集合就形成领导力模型。领导力模型又称领导力素质模型。领导力素质模型就是为了完成某项工作、达成某一绩效目标，要求任职者具备的一系列不同素质的组合。领导力素质模型是针对特定的组织、在特定的时期内而设计的。不同的公司由于组织结构、业务模式、所处行业等方面迥异，所以对员工的素质要求不可能相同。即使是同一个公司，由于处在不同的发展阶段，它们的素质模型也可能会发生变化。

通过领导力模型，组织可以选拔出适合组织的管理者，并进而开展对其有针对性的培养，从而使其提高管理能力。许多成功组织的经验表明，通过建立和实施领导力模型，组织高级管理层可以成为战略思想家和富有远见的领导者，他们洞悉行业发展趋势，基于组织的优势、弱点和在竞争中所处的位置制定长远的战略计划，并将远景目标传达给组织中的每一员。在组织高级管理者的指导下，组织中层管理者能够以身作则，领导下属，并善于激励和培养员工，以富有建设性的反馈意见和指导下属获得更高的绩效。通过领导力模型，可以发现各领导者在性格、能力、个性、价值观等方面的差异，从而在管理团队（或称领导班子）的配备上有意识地进行合理搭配，进而打造成一支成员之间能力互补、具有异质性的管理团队（领导班子），可以帮助组织打造一支具备潜力的后备干部队伍，进而为组织的发展提供储备人才。

6.3.2.4　有助于实现组织与员工的"双赢"

当前，组织的竞争能力在很大程度上体现在其人力资源素质的高低上。组织的成功比以往任何时候都更加依赖于其员工（尤其是核心员工）的技术和能力表现。基于胜任力的现代组织人力资源管理体系能够帮助组织选拔、培养、激励那些能为组织核心竞争优势构建作出贡献的员工。

6.4　本章小结

胜任力体系不鼓励单独对岗位进行激励，其倡导针对个人的技能增长进行激励。在明确的素质要求指引下，员工能够明晰自身的努力方向，进而自发培育组织所需要的核心竞争力，从而真正将员工职业生涯规划落地，实现与员工的"双赢"。综上所述，组织人力资源管理向以胜任力为平台的体系转变，员工的胜任力日益成为组织核心竞争力的关键，成为组织不可模仿的核心竞争力的重要来源。这种转变赋予了人力资源管理新的活力与气息，更为重要的是提升了人力资源管理的战略地位、帮助组织在更为激烈的竞争环境中生存与发展。

第 7 章

企业经营业绩对外部融资的影响

随着外部融资渠道的多样化，公司在作融资决策时将拥有更多元化的选择。国内企业的融资结构和对公司绩效的评估还存在着明显的不足之处，企业存在着融资偏好。本章首先介绍了选题背景、研究意义以及国内外研究现状；其次分别介绍了公司外部融资结构与经营业绩的评价方法，从融资成本和内部融资两个方面论述了经营业绩对外部融资的影响，以及在案例分析中对某股份有限公司融资结构中的内部融资、股权融资、借款融资、债券融资进行了分析；最后提出了相应的建议和对策。本章以公司为研究对象，分析了外部融资结构与公司的经营业绩，希望通过分析外部融资与经营业绩的关系，从而能为我国公司在外部融资决策中提供一些参考。

7.1 问题的提出

公司融资结构是一定时期内公司融资活动中不同的筹资渠道筹集的资金及其形成的比例关系。良好的融资结构可以优化公司的资本结构，维护利益相关者的合法权益。根据公司制定的财务目标，管理层作出科学、合理的融资决策，进一步优化资本结构，实现公司经营的最终目的——公司价值或股东权益的最大化。

从公司的融资结构方面看，我国公司与西方国家或者是资本市场体系成熟的国家的融资结构之间存在很大的差异。观察我国公司融资结构可以发现，我国公司的内源融资在融资结构中的占比是非常低的，外源融资的成分远高于内源融资。配股和增发新股成为我国公司外部融资的主要来源。

对于企业融资结构，国外已有大量的较为成熟和全面的研究成果。而我国只是在近些年才出现对该问题的探讨与研究，并且研究集中于两方面：一是关于这种融资结构的形成原因的研究；二是基于目前国内特定环境下，公司的融资结构可能产生的影响以及如何应对和改善问题的研究。目前国内对于各个具体因素对企业融资影响的研究并不明朗，而关于经营业绩与外部融资的研究更是少之又少。

现有研究对于融资结构的探讨经久不息，对于融资结构的成因、优劣，相关理论和学说也趋于成熟和完善。然而，对于各种因素具体会对融资结构产生什么影响的研究却比较有限，关于企业的经营业绩与融资结构之间的关系研究更是较为稀少。

经营业绩主要由公司的财务报表传达的信息体现，投资者会根据这些信息作出投资决策，而企业的管理层，作为股东的代理人，是创造出或者对外传达这些信息的主要责任人。基于以上几点，本章试图对公司外部融资与企业的经营业绩的关系作进一步的研究。分析外部融资与企业经营业绩的关系以及经营业绩会向外界传达何种信息，而这些信息又是如何影响外部融资的。尤其是在我国大部分企业融资方式以外源为主的背景下，期望这样的研究有现实的参考意义。

7.2 融资结构的定义与融资渠道的分类

7.2.1 融资结构的定义

企业的生产经营离不开资本，资本是公司生存的必要因素，没有营运资金，企业就无法生产和经营，这就要求企业通过制定合理的融资结构来筹集资金。

融资结构是指企业在筹集资金时通过不同渠道获得的资金之间的构成和比例关系。融资结构一般分为宏观融资和微观融资，宏观融资主要是指一个国家通过直接或间接融资获取资金，而微观融资一般指的是一种企业资本来源结构。本章着重于微观分析。

7.2.2 融资渠道的分类

企业的融资结构是指企业在取得资金的来源时通过不同的渠道筹集到的资本的有机搭配以及各种资本所占的比例。融资渠道是指筹集资金来源的方向和渠道，体现了资金的来源与流量。企业不同的融资结构导致企业的融资成本费用和融资风险都会不一样，从而使得企业的经营管理存在着经营风险。因此，企业的融资结构对于企业的经营发展起着举足轻重的作用。

随着经济市场的不断完善和资金市场的活跃，企业的融资渠道也越来越多。由其筹集资金的来源角度分为内部融资渠道和外部融资渠道。当企业内源不能充足供给企业的生产经营时，企业会采取向外部的金融机构或外部人士筹集资金。当企业采取不同的融资渠道，其所面临的财务风险也不一样，一般来说，外源融资的风险比内源融资的风险要大。

7.3 融资结构的指标和公司绩效的指标

7.3.1 融资结构的渠道

企业在不断寻求发展机会的过程中寻求更多的资金，因此，融资对于一个企业的发展越来越重要。从总体上看，国外学者对融资问题的研究比我国更有经验。企业融资一般遵循融资顺序理论，即放宽 MM 理论的完全信息假设，以非对称信息理论为基础。考虑到交易成本的存在，学界普遍认为股权融资会向企业管理层传递负面信息，并且外部融资需要向外部支付各种成本。因此，一般遵循内源融资、债务融资、股权融资这样的融资顺序。

内源融资主要是通过内部留存收益进行再投资，好处是管理者不必听从任何外部组织或个人的意见，并且不必顾虑可能受到的限制或者是需要支付的成本，就可以作出这一融资决策。例如，没有必要像债券融资那样向银行披露企业的战略计划，也不必像股权融资那样向资本市场披露相关信息，从而节省了融资成本。但企业的一些重大项目仅仅依靠内部融资的资金是远远不够的，还需要采取其他融资方式。

债务融资主要可分为贷款和租赁两类。从银行或金融机构贷款是许多企业获得资金来源的普遍途径。与股权融资相比，债权融资具有融资成本低、融资速度快、隐蔽性强等特点。但其不足之处在于当企业陷入财务危机或企业的战略不具备竞争优势时，还款压力会增加企业的经营风险。

股权融资，又称权益融资，通常是面对企业现有股东，根据现有股东的表决权比例发行新股。好处是，当企业需要大量资本时，股权融资具有很大的优势，与债权融资不同，它必须定期支付利息和本金，但只有在企业盈利时才向股东支付股息。其缺点是易被敌对手段获取（如恶意收购），从而导致控制权的变更，使得成本较高。

在流动性紧张和通货膨胀压力的形势下，企业的资金普遍紧张，盈利空间有所缩小，融资已经成为企业的一个难题。企业的主要融资渠道一般是银行信贷资金融资和发行股票。

7.3.2　公司绩效的指标

绩效是组织或个人在一定时期内的投入和产出状态，是通过投入人力、物力、时间等物质资源完成工作任务中的数量、质量和效率的产出，因此，企业需要进行绩效管理。企业管理对于提升企业的竞争力具有很好的推动作用，对于处于成熟期的企业而言尤其重要，没有有效的绩效管理，组织和个人的绩效都得不到持续的提升，组织和个人就不能适应残酷的市场竞争，最终将会被市场淘汰。

学者在探讨企业绩效时，关于绩效评价指标的选择有很多，如资产收益率、净资产收益率、投资回报率、每股收益、销售报酬率等。

资产收益率是用来衡量每单位资产创造多少净利润的指标。它是净利润与平均资产总额的比值。该指标越高，表明企业资产利用效果越好，说明企业在增加收入和节约资金使用方面取得了良好的效果。

净资产收益率又称为股东权益报酬率，它是用来衡量公司盈利能力的重要指标，是指利润额与平均股东权益的比值，该指标越高，说明投资带来的收益越高；该指标越低，说明企业所有者权益的获利能力越弱。它体现了自有资本获得净利益的能力。

投资回报率是指通过投资而应返回的价值，企业从投资商业活动中获得的经济回报。它涵盖了企业的利润目标，是企业年利润占总投资的比例。投资回报率可以反映投资中心的综合盈利能力，它排除了不同投资额度带来的利润差异这样的不可比因素，具有横向可比性，有助于判断投资中心经营绩效的优劣。此外，投资利润率可以作为投资机会选择的依据，有利于资源的优化配置。

每股收益是指税后利润占股本总额的比例。普通股股东所持有的每一股份都会承担企业的净利润或净亏损。每股收益通常用来反映企业的业绩，衡量普通股的盈利水平和投资风险。该指标可以评价企业的盈利能力，预测企业的成长潜力，进而使管理者作出相关的经济决策，是投资者和其他信息使用者的重要财务指标之一。

销售报酬率是一定时期的销售利润总额与销售收入总额的比率。它表明单位销售收入获得的利润，反映销售收入和利润的关系。

本章所涉及的绩效分析以净资产收益率为主要指标。因为净资产回报指数是用来衡量公司自身资金的使用和运用股东对企业的投入资金的效率。它是杜邦分析模型中的核心指标，具有很强的集成能力，并且能排除日常中无法控制的非经营性损益，能更好地反映企业的正常盈利能力。除此之外，选择净资产收益率主要还因为它能弥补每股收益的不足。

企业绩效分析是为了通过相关指标对公司的经营、管理以及发展的影响进行分析，使政府部门、公司股东、债权人和其他利益相关者了解企业状况，参与对公司运营的监督，并实现对经营者的管理和激励。因此，一家公司的融资结构与企业绩效如何评价存在着一定的相关性。通过合理探究两者间的关系，以及会不会起到互相牵制影响的作用，能够使管理者作出更加合理的公司决策，使公司取得更好的发展。

7.4　融资成本及经营业绩对其产生的影响

在企业作出融资决策时，融资的成本也是必须考量的因素。企业融资成本越高，说明企业所花费越多，则其融资效率越低，反之亦然。在现实环境下，企业必须更加清楚影响融资成本的各种因素，制定出合理、完善的融资策略，才能够有效利用融资资源，形成良性循环，保证企业的可持续发展。

而本章认为，经营业绩对公司的外部融资的影响可以通过影响融资成本来体现。

7.4.1　融资成本的定义和组成

机会成本：就企业内源融资来说，机会成本一般是"无偿"使用的，它无须实际对外支付融资成本（这里主要指财务成本）。但是，如果从社会各种投资或资本所取得平均收益的角度看，内源融资的留存收益也应于使用后取得相应的报酬，这和其他融资方式应该是没有区别的，所不同的只是内源融资不需对外支付，而其他融资方式必须对外支付。以留存收益为代表的企业内源融资的融资成本应该是普通股的盈利率，只不过它没有融资费用而已。

风险成本：企业融资的风险成本主要指破产成本和财务困境成本。企业债务融资的破产风险是企业融资的主要风险,与企业破产相关的企业价值损失就是破产成本,也就是企业融资的风险成本。财务困境成本包括法律、管理和咨询费用。其间接成本包括因财务困境影响到企业经营能力、市场减少对企业产品需求,以及没有债权人许可不能作出决策、管理层花费的时间和精力等。

代理成本:资金的使用者和提供者之间会产生委托——代理关系,这就要求委托人为了约束代理人行为而必须进行监督和激励,如此产生的监督成本和约束成本便是所谓的代理成本。

融资成本:资金所有权与资金使用权分离的产物,融资成本的实质是资金使用者支付给资金所有者的报酬。由于企业融资是一种市场交易行为,有交易就会有交易费用,资金使用者为了能够获得资金使用权,就必须支付相关的费用。如委托金融机构代理发行股票、债券而支付的注册费和代理费,向银行借款支付的手续费等。

7.4.2　影响融资成本的因素以及同经营业绩的关联

高风险伴随高回报,国内外参考文献对于股权融资成本影响因素的分析主要是基于 CAPM 模型,通过 β 系数,反映资本市场上股票风险相对于证券市场的波动程度。β 系数越高,股票波动风险越大,投资者要求的投资回报率就会越高,以补偿其有可能承担的相应的系统风险。

β 系数是衡量系统风险的参数,用来度量一种证券对总体市场价格波动的偏离程度。在资本资产定价模型中,β 系数是决定股权融资成本的主要因素,并且在同类研究中,β 系数一直被作为重要的控制变量。在计算公司股权融资成本时,β 系数可以理解为个股收益相对于业绩评价基准的波动程度,是一个相对指标。

除该系数外,通过阅读国内外相关文献,结合已有的理论基础及研究成果可以得知,还有包括并不限于以下的因素会对企业的融资成本产生影响,其中的一些因素与经营业绩有较为紧密的联系。

企业资产规模(SIZE)。资本市场上,对于公司规模有很多不同的计量方法，本章为了研究方便，选取目标企业期末总资产的对数来反映，即企业规模 = Ln（期末总资产）。通常公司规模越大，越容易受到外界的关注，因此，公司的信息披露质量要求就会更高，从而大大降低投资者与公司之间的信息不对称，增强公众信任度，从而投资者投资所要求的风险补偿也会降低。尤其是具有龙头地位的大公司、大集团在资本市场中有很高的议价权，加上融资的规模效应，公司的融资成本相对较低。

财务风险（LEVE）。现代企业往往采用负债经营来补充流动资金，通过融资的杠杆效应以期获取更大的收益。合理的财务结构和适度的负债规模能够为企业的发展注入新的活力。但是，公司使用债务资本必然给主权资本带来附加风险，在未来收益不确定的条件下，负债经营比率过高，会直接导致公司的偿债能力下降、财务风险增加。市场上的理性投资者都是风险厌恶者，当公司的负债比率过高、预期投资风险增加，投资者必然要求更高的必要报酬率来弥补股价下跌的风险损失，从而使得股权融资成本提高。

经营效率（ASST）。经营效率是计算企业在日常经营期间全部资产从投入到产出的对比关系，是判断企业运用资本的能力以及收益能力的一个重要参数，体现了资产管理的效率。经营效率作为重要的财务分析指标，可以采用资产周转率、应收账款周转率、存货周转率等数据来体现。资产周转率是营业总收入与平均资产总额的比率。一般情况下，资产周转率高表明企业利用资产的能力越强，公司经营状况越好，投资者承担的风险越小，从而企业股权融资成本就低。由此可见，提高资产周转率有利于降低股权融资成本。

盈利能力（ROE）。公司的盈利能力是投资者决定投资与否时考量的重要指标，体现公司的运营水平。通常情况下，公司获取利润的能力越强，越能够吸引更多的投资者加大增持力度，促进公司股价上涨。投资者投资信心的增强会降低其对投资回报率的要求，企业的融资成本随之降低。反映盈利能力的指标有销售净利率、总资产收益率、净资产收益率等。根据投资者投资偏好，可以假设盈利能力与股权融资成本负相关。

公司成长性（GROW）。公司的成长性是一个纵向衡量指标，通过不同年度数据的对比分析，可以详细了解公司的发展速度、预期公司成长潜能，从而为公司下一阶段的成长壮大作出更加完善的战略规划。作为投资者，必然会选择具有可持续发展能力的企业，以期获取更高的投资回报。衡量公司成长性的主要指标有总资产增长率、固定资产增长率、主营业务收入增长率、净利润增长率等。净利润增长率越高，表明企业的成长性越好，企业为了取得大量的资金，愿意付出更多的利息以及承担更高的股权融资成本。

市盈率（PE）。市盈率是评估股票价格水平是否合理的指标，具有很高的参考价值。投资者在进行投资决策时，会对企业价值与当前股票价格作出基本分析，判断投资价值。市盈率用每股股价与每股收益的比值来计算。一种观点认为，市盈率高表明股票的价格远远超过其本身的价值，投资所承担的系统风险增加，投资者必然要求更高的收益率以弥补其所要承担的风险损失，从而企业股权融资成本增加；另一种观点认为，市盈率高表明企业价值被严重低估，股票价格在未来有更高的提升空间，因此，更具有投资价值。

7.4.3　经营业绩对融资成本的影响

当外部投资者在对公司作出投资决策时，年报及财务报表是最主要的信息来源。报表中体现的财务成果、经营业绩以及披露的财务信息都会影响投资者对投资风险的判断。

如前所述，经营效率、盈利能力及市盈率等因素都可能影响投资者对风险的判断，从而影响企业寻求外部融资时的成本。因此，可以认为，若经营结果释放出的信号是积极的以及当这些因素的指标可观时，集团今后可积极寻求外部融资。由于投资者的信心和企业经营能力的证明，企业外部融资的阻力会相对更小，一些融资的成本也会相对更少。

关于经营业绩以及其他的因素与融资成本之间是否有、有何种相关性，已经有学者在这方面作出了系统性的研究：王小君在《公司股权融资成本影响因素分析》一文中，以我国沪深两市 A 股市场上数据完整的样本公司

为研究对象，通过建立经济计量模型，进行计算、比较、回归，对影响我
国公司股权融资成本的因素进行实证分析与检验。从公司基本属性、财务
状况、企业治理等三个方面选取 β 系数（BETA）、企业资产规模（SIZE）、
财务风险（LEVE）、经营效率（ASST）、盈利能力（ROE）、公司成长性
（GROW）、市盈率（PE）、成交量（VOL）、换手率（TUR）、股权集中度
（TOP）这 10 个具有代表性的解释变量进行统计分析。作者先对解释变量与
股权融资成本之间的相关关系作出理论假设，选取实用性较强的 OJ 模型来
计算样本企业的股权融资成本；接下来构建多元线性回归模型，对解释变
量与被解释变量之间进行描述性统计、相关性分析、逐步回归分析等，实
证检验这些影响因素与股权融资成本之间的关联程度。

本书选择经济增长模型（OJ 模型）来计算被解释变量：

$$r = A + \sqrt{A^2 + \left[\frac{eps_1}{P_0}\right]\left[\frac{eps_2 - eps_1}{eps_2}\right]} - (r - 1) \tag{7-1}$$

$$A = \frac{1}{2}\left[(r - 1) + \frac{dps_1}{p_0}\right]$$

其中：

（1）将公司规模作为解释变量，并预计公司规模与股权融资成本负
相关。

（2）选取总资产负债率作为衡量财务风险的指标，根据以往经验，假
设资产负债率与股权融资成本之间呈正相关关系。

（3）假设资产周转率与股权融资成本之间是负相关关系。

（4）选取净资产收益率为研究参数，净资产收益率可以用企业税后净
利润除以平均净资产求得，是衡量企业自有资金使用效率的重要财务指标。
根据投资者投资偏好，假设盈利能力与股权融资成本负相关。

（5）假设公司成长性与股权融资成本正相关。

（6）假设市盈率与股权融资成本之间是负相关关系。

各因素回归分析结果如表 7-1 所示。

根据该项研究，公司规模（SIZE）、盈利能力（ROE）、经营效率

表 7 - 1　各因素回归分析结果

项目	RE	SIZE	LEVE	ROE	ASST	BETA	GROW	PE	VOL	TUR	TOP
RE	1.000	0.159**	0.221**	0.241**	0.075**	-0.103**	0.020	-0.153**	-0.120**	-0.220**	0.058**
		0.000	0.000	0.000	0.000	0.000	0.250	0.000	0.000	0.000	0.001
SIZE	0.159**	1.000	0.652**	0.074**	0.069**	0.136**	-0.022	-0.091**	0.657**	-0.400**	0.133**
	0.000		0.000	0.000	0.000	0.000	0.201	0.000	0.000	0.000	0.000
LEVE	0.221**	0.652**	1.000	-0.002	0.171**	0.118**	-0.011	-0.058**	0.402**	-0.238**	-0.023
	0.000	0.000		0.925	0.000	0.000	0.534	0.001	0.000	0.000	0.197
ROE	0.241**	0.074**	-0.002	1.000	0.285**	-0.169**	0.326**	-0.133**	-0.126**	-0.203**	0.121**
	0.000	0.000	0.925		0.000	0.000	0.000	0.000	0.000	0.000	0.000
ASST	0.075**	0.069**	0.171**	0.285**	1.000	-0.098**	0.048**	-0.076**	-0.099**	-0.176**	0.087**
	0.000	0.000	0.000	0.000		0.000	0.006	0.000	0.000	0.000	0.000
BETA	-0.103**	0.136**	0.118**	-0.169**	-0.098**	1.000	-0.061**	0.034	0.268**	0.152**	-0.063**
	0.000	0.000	0.000	0.000	0.000		0.000	0.051	0.000	0.000	0.000
GROW	0.020	-0.022	-0.011	0.326**	0.048**	-0.061**	1.000	0.026	-0.032	0.011	-0.012
	0.250	0.201	0.534	0.000	0.006	0.000		0.142	0.909	0.527	0.479
PE	-0.153**	-0.091**	-0.058**	-0.133**	-0.076**	0.034	0.026	1.000	0.002	0.103**	-0.047**
	0.000	0.000	0.001	0.000	0.000	0.051	0.142		0.909	0.000	0.008
VOL	-0.120**	0.657**	0.402**	-0.126**	-0.099**	0.268**	-0.032	0.002	1.000	0.091**	-0.272**
	0.000	0.000	0.000	0.000	0.000	0.000	0.909	0.909		0.000	0.000
TUR	-0.220**	-0.400**	-0.238**	-0.203**	-0.176**	0.152**	0.011	0.103**	0.091**	1.000	-0.202**
	0.000	0.000	0.000	0.000	0.000	0.000	0.527	0.000	0.000		0.000
TOP	0.058**	0.133**	-0.023	0.121**	0.087**	-0.063**	-0.012	-0.047**	-0.272**	-0.202**	1.000
	0.001	0.000	0.197	0.000	0.000	0.000	0.479	0.008	0.000	0.000	

注：* 表示在 1% 的水平上显著，** 表示在 5% 的水平上显著，*** 表示在 10% 的水平上显著。
资料来源：《公司股权融资成本影响因素分析》。

（ASST）与股权融资成本呈正相关关系，这与预定的假设相反。SIZE 与 Re 呈显著正线性相关，说明随着企业规模增大，反而融资成本增加，这与以往文献研究中法玛和弗仁奇（Fama and French，1993）所作出的规模效应结论相背离。究其原因，在样本期内，市场上的投资者更加热衷于投资小盘股，而蓝筹股价值被低估。一方面说明我国证券市场上存在严重的"小盘股效应"行为，市场上的投资者存在投机心理，大规模的蓝筹股价值被严重低估；另一方面说明我国证券市场发展有待规范。大规模的公司应当加强信息披露，增强投资者信心，从而使投资者趋于理性。

ROE 与 Re 之间正线性相关，说明净资产收益率高的企业，成长性更好，其持续收益能力可以远远覆盖所承担的资本成本，企业愿意并且有能力吸收更多的资金量谋求更深远的发展。ASST 与 Re 正相关，说明总资产周转率高，股权融资成本增加，这可能与市场上股票估值不尽合理有关。

盈利能力（ROE）、经营效率（ASST）这两项财务指标与股权融资成本呈正相关关系，这可以证明公司的经营绩效确实对融资成本有影响，但是却与假设（负相关）相反。也就是说，财务能力强的公司，股权融资成本反而更高。出现这种与理论及假设相悖的结论，一方面有可能是由于经营成果和（股权）融资成本之间的关联确实与理论直觉不同，"经营业绩好则利于外部融资，则融资成本少"这样的观念可能并不是在任何状况下都正确。比如，盈利能力越强的公司对资金需求量越大，将来给股东带来收益的能力也越强，因此，股东要求的必要报酬率，即企业股权融资成本就越高。另一方面，亦有可能是由于我国市场缺乏有效性，投资者在进行投资时往往忽略企业的基本面信息，而具有很大的投机性。因此，我国监管部门应当完善职能、加强监督，避免出现操纵股价行为。

7.4.4　经营业绩对内部融资的影响

7.4.4.1　内部融资的优点

内部融资是企业依靠其内部积累进行的融资，具体包括三种形式：资本金、折旧基金转化的重置投资和留存收益转化的新增投资。内部融资具有原始性、自主性、低成本性和抗风险性等特点。相对于外部融资，它可以减少信息不对称问题及与此相关的激励问题、节约交易费用、降低融资成本、增强企业剩余控制权。具体来说：

（1）自主性：内部融资来源于自有资金，公司在使用时具有很大的自主性，只要股东大会或董事会批准即可，基本不受外界的制约和影响。

（2）融资成本较低：公司的外部融资无论是采用股票、债券还是其他方式，都需要支付大量的费用，比如券商费用、会计师费用、律师费用等。而利用未分配利润则无须支付这些费用。因此，在融资费用相对较高的今天，利用未分配利润融资对公司非常有益。

（3）不会稀释原有股东的每股收益和控制权：通过未分配利润融资而增加的权益资本不会稀释原有股东的每股收益和控制权，同时还可以增加公司的净资产，支持公司增加其他融资方式。

（4）使股东获得税收上的好处：如果公司将税后利润全部分配给股东，则需要缴纳个人所得税；相反，派发较少的股利可能引发公司股价上涨，股东可通过出售部分股票来代替其股利收入，而所缴纳的资本利得税一般远远低于个人所得税。

7.4.4.2 经营业绩与内部融资的关系

由于内部融资的这些利好，当企业具备内部融资的条件时，管理层一般都会优先进行考量。但是，内部融资能力及其增长要受到企业的盈利能力、净资产规模和未来收益预期等方面的制约。且由于内部融资受公司盈利能力及积累的影响，使得融资规模受到较大的制约，企业不可能进行大规模的融资。

因此，可以认为，若企业经营业绩良好，则有较大概率得到留存收益的储备，当面临融资需求时有选择的余地，可以利用内部资金冲抵一部分，使融资结构中内源融资的比例增加，提高融资效率，规避一部分外部融资的成本；而当经营状况不佳、未分配利润逐渐减少甚至产生负数时，企业一般也就没有太多内部融资的空间了。

经营业绩对外部融资产生的影响可以通过内部融资体现，即影响企业的内部融资再间接地影响外部融资的规模及整体的融资结构。

7.5　案例研究及建议

7.5.1　TCL 集团股份有限公司的公司简介

TCL 集团有限公司于 1997 年 7 月 17 日在中华人民共和国注册成立有限责任公司，主要从事电子产品和通信设备、新型光电、液晶显示设备、硬件、交流 VCD、DVD 录像机、家庭影院系统、电子计算机及配件、电池及相关零部件和原材料、数字卫星电视接收机等的研发、生产和销售。作为中国最大的、全球规模经营的消费电子企业集团之一，其旗下有三家公司：TCL 集团、TCL 多媒体公司、TCL 通信公司。20 多年以来，TCL 集团发展迅速，特别是进入 20 世纪 90 年代以来，连续十几年以年均 42% 的速度增长。表 7 - 2 是 TCL 集团利润分析表。

表 7 - 2	集团利润分析表		单位：万元
项目	2015 年	2016 年	2017 年
营业总收入	4429520	5186990	6083410
营业总成本	4375640	5220170	5992710
营业利润	590723	- 15753	122028
净利润	70355	47240	167105

注：数据来源于 TCL 集团 2015 年、2016 年、2017 年的年度报告。

从表 7 - 2 中可以看到，2015～2017 年的三年里，TCL 集团的净利润是正的。在增加成本的同时，收益也在增加，这表明投资金额是有效的，净利润也呈现出不断增长的态势。报表的使用者债权人和投资者对投资 TCL 集团充满信心，认为通过投资能够创造出想要的价值。对于 TCL 集团来说，通过投资者的资金流入，则有机会利用这些资金进行生产研究，开发出更先进、更物美价廉的产品，创造更多的收入，这对于投资者来说是可以创造价值的投资，而对于公司的未来经营也是有利的。

这些经营的结果释放出的信号是积极的，有利于集团今后寻求外部融资这一目标的实现。由于投资者的信心和企业经营能力的证明，企业外部融资的阻力会相对更小，一些融资的成本也会相对更少。

7.5.2　TCL集团股份有限公司的融资结构

为了更加准确地分析 TCL 集团股份有限公司的融资结构，本章将选取该公司 2015～2017 年的数据来进行分析和对比 TCL 集团融资结构的内部融资率、股权融资率和债权融资率。TCL 集团的内部融资率如表 7－3 所示。

表 7－3　　　　　　　　　　　　内部融资率

项目	2015 年	2016 年	2017 年
盈余公积（万元）	56705	56705	61965
未分配利润（万元）	－67424	－24170	71888
固定资产折旧（万元）	259537	254509	265011
内部融资合计（万元）	248818	287044	398864
总资产（万元）	7401432	5347806	3023444
内部融资率（%）	8.23	5.37	5.39

注：数据来源于 TCL 集团 2015 年、2016 年、2017 年的年度报告。

从表 7－3 可以看出，TCL 集团的内源融资所占的比例一直都不高，低于 10% 的比例。并且 2015～2017 年这三年内部融资率的比重在逐年减少，内部融资主要以固定资产折旧为主，表明 TCL 集团具备的设备、机器和房屋等固定资产较多，对于生产来说是有保障的。并且 TCL 集团留有一定的盈余公积，以备资金的不时之需，但未分配利润在 2015 年和 2016 年都是负的，这可能是因为 TCL 集团在这两年的经营并不是很好，出现了亏损。TCL 应该好好利用资金，使利润得到提升，留下更多的盈余资金和未分配利润，方可加大内部融资的比例。

通过对 TCL 集团 2015 ~ 2017 年的数据分析可以看出，TCL 集团的融资结构有悖于西方的"融资优序理论"，即融资时以外部融资为主要部分，尤其是以股权、借款融资为优先，而不是内部融资。

近几年来内源融资的比重没有增加，而且呈下降态势，在 10% 以下，企业可利用资金不多。内部融资是资本的原始积累，它可以使企业拥有一定的自主权、降低外部风险的影响和对企业的约束程度，而不需要向外部支付红利和利息（这会降低企业的现金流）。与其他融资方式相比，内源融资相对较少。然而，TCL 集团的内部融资状况不佳，在一些突发情况下，内部资金短缺，资金无法及时获得，容易造成经营风险。

由此可见，在企业经营业绩良好的前提下，企业才得以具备更加充分的条件进行内源融资，即未分配利润以及其他一些资金的盈余。在以后有融资需求时，这些内部资金会被优先考虑，从而相应地减小外部融资的比例，或者抑制过快扩张的外部融资，规避外部融资的风险和一些融资成本。TCL 集团 2015 年、2016 年、2017 年股权融资率如表 7 - 4 所示。

表 7 - 4　　　　　　　　　　　　股权融资率

项目	2015 年	2016 年	2017 年
股本（万元）	2936932	423811	847622
资本公积（万元）	245117	569431	148242
股权融资合计（万元）	538810	993242	995864
总资本（万元）	7401432	5347806	3023444
股权融资率（%）	17.82	18.47	13.46

注：数据来源于 TCL 集团 2015 年、2016 年、2017 年的年度报告。

从表 7 - 5 可以看出，TCL 集团的借款融资占融资结构的比重是最大的，具备绝对的优势，并且还在逐年增加，增加幅度也很大，从 2015 年的 9.58% 增加到 2017 年的 78.05%，从以短期借款为主到长短期借款各占一半。造成这种现象的原因是很多公司和银行都是国有企业，国家占股最大，银行更愿意借钱给这些企业。并且，在向银行借款时，不需要像募集资金那样进行严格的披露，也不需要像中介机构那样进行专项审核，企业保留了自己的内部信息，借款更快，因此，国有控股的公司都很喜欢向银行进行借款。

表 7 - 5 借款融资率

项目	2015 年	2016 年	2017 年
短期借款（万元）	501367	1345781	1219700
长期借款（万元）	207442	192929	1140217
借款融资合计（万元）	708809	1528710	2359917
总资产（万元）	7401432	5347806	3023444
借款融资率（%）	9.58	28.59	78.05

注：数据来源于 TCL 集团 2015 年、2016 年、2017 年的年度报告。

从表 7 - 6 可以看出，TCL 集团的债券融资在逐年增加，从 2015 年占融资结构的 0 到 2017 年的 15.07%，主要以应付债券为主，可以看出 TCL 集团开始注重债券融资，从更多的渠道进行融资，不仅仅是依赖股权融资这一单一的方式，慢慢地向债券融资转移，这可以避免因一方的融资渠道断裂而导致资金不足，可以一定程度上减少融资风险。

表 7 - 6 债券融资率

项目	2015 年	2016 年	2017 年
应付短期债券（万元）	—	—	60000
应付债券（万元）	—	197550	395766
债券融资合计（万元）	—	197550	455766
总资产（万元）	7401432	5347806	3023444
债券融资率（%）	—	3.69	15.07

注：数据来源于 TCL 集团 2015 年、2016 年、2017 年的年度报告。

在外源融资渠道中，借款融资占的比例很大，且相对于其他的融资比例而言，因过于悬殊，比重可能不合理，并且还有逐年增加的趋势，特别是在 2017 年，占了总资产的 78.05%，增长的幅度很大，这样需要给银行支付大量的利息，从而减少企业的资金，制约了企业的其他项目的开发，且需要提供各种信用证明给银行并需要银行审核通过，手续相对复杂，资金到位的时间较长，拖延了项目的实施时间，打乱企业的经营计划，对企业会造成一定的损失。

债券融资利率也在上升。从 2015 年的 0 到 2017 年的 15.07%，可以看到，它的增长程度发生了巨大的变化，这表明 TCL 集团开始认识到债券融资的重要性，而不是依赖单一的融资方式和盲目发行股票。这可以避免一些恶意收购导致企业控制权的强制转移，从而造成内部管理混乱。但股权融资仍处于主导地位，应加大债券融资的比重，否则不利于企业的长期经营和发展。相对于股权融资而言，债权融资的融资成本低、融资速度快。

股权融资比例虽然呈下降趋势，但仍占据公司融资的主导地位，不利于企业的控制。内源融资比例逐年下降，2017 年仅为 5.39%，明显不符合"融资优先理论"。由此推断，TCL 集团正从股权融资向债券融资转变，但是依旧偏好于股权融资。外部融资来源以借款融资的方式为主导。这样的融资结构风险较大，资金链较为紧张，防范市场风险的能力较弱。TCL 集团也应该注意到这些因股权融资过大而导致企业经营发生变化的例子并警示自己，应增大债券融资比例，使多种融资渠道并存。采用股权融资的成本较高，一方面，主要是因为从投资者的角度讲，投资于普通股的风险较高，所要求的投资回报率自然也较高；另一方面，对于融资公司而言，股息是从税后利润中支付的，没有税收减免，股票发行成本一般高于其他证券，而债务资金的利息费用是税前收取的，具有税收抵免功能。

7.5.3　融资结构与公司绩效的关系分析

从书中已经了解到，衡量公司绩效的指标有很多，下面将选取 TCL 集团 2015～2017 年的净资产收益率作为衡量公司绩效的指标。因为企业资产包括了两部分，一部分是所有者权益，即股东的投资（它是股东投入的股本、企业公积金和留存收益等的总和）；另一部分是负债，一般是企业借入或者暂时占用的资金。净资产收益率和企业的股权融资和债券融资有关。

从表 7－7 可以看出，TCL 集团 2015～2017 年的净资产收益率并不是很稳定，由 2015 年的 10.09% 下跌到 2016 年的 5.83% 后，2017 年又上升为 9.39%，但都不是很高。

表 7 - 7		绩效指标	单位:%
项目	2015 年	2016 年	2017 年
净资产收益率	10. 09	5. 83	9. 39

从表 7 - 8 可以看出,当 2015 年 TCL 集团的融资结构以股权融资为主、融资比例较大、超出其他渠道的融资时,公司绩效最好,净资产收益率达到 10.09%,而当 2016 年 TCL 集团增加借款融资时,净资产收益率就下降了,2017 年的净资产收益增幅也不大。2017 年的股权融资减少后,净资产收益率有所上升,因此,应把股权融资控制在一个尺度,不应该过大。而内部融资与净资产收益率是最符合的,存在着正比例关系,更能反映出绩效的好坏。研究表明,公司应优先考虑内部融资,而不是通过借债来获取资金,这样公司才能获得更好的绩效。

表 7 - 8		融资结构与绩效	单位:%
项目	2015 年	2016 年	2017 年
净资产收益率	10. 09	5. 83	9. 39
内部融资率	8. 23	5. 37	5. 39
股权融资率	17. 82	18. 47	13. 46
借款融资率	9. 58	28. 59	78. 05
债券融资率	0	3. 69	15. 07

从 TCL 集团股份有限公司的案例分析中可以看出,它的融资结构存在一定的不合理之处,比如对股权融资和银行借贷融资的偏好。虽然债券融资和内源融资的比例有上升趋势,但比例仍然不足。如前所述,这容易引发财务风险和经营风险,不利于企业的可持续发展。

7.5.4 企业选择最佳的融资结构时应考虑的因素

第一,进行债权融资会带来利息的支出,使得企业无法在使用现金时过度自由,一定程度上制约了企业内部的不合理支出与浪费,起到节流的作用。另外,债权人对于企业起到了监督作用,对于管理层亦带来约束与压力;且选择债权融资而减少股票发行,使得公司的控制权掌握在公司内部，管理者为了达到股东的期望会努力地工作，从而提高企业的绩效。

第二，进行股权融资会使得公司的股权分散成各个小部分，小股东不具备影响力，对于公司治理的集中度不够，且对于管理层的约束力度不大，经营者会有侥幸心理，得过且过；如果小股东对于人事的任命没有话语权，那么就不能给管理层造成压力，削弱了管理层经营管理的动力，对公司的绩效是一种隐患。

第三，TCL 集团在进行融资时过于依赖银行借款这一融资方式会使得万一银行不批贷款，会造成企业的资金链断裂，严重影响企业的正常运转，严重时会造成企业破产。

7.5.5　改善融资结构缺陷的建议

第一，尽可能保持企业的控制权。企业在筹集资金时往往会失去部分控制权和所有权。如果将发行债券和股票这两种融资方式进行比较，则发行新股将削弱原股东对企业的控制权。而债券融资则会增加企业的债务，却并不影响原有股东对企业的控制权。

第二，寻求最佳资本结构。为了降低融资风险，企业通常可以采取多种融资方式的合理组合，即制定一种多元化的、利于规避风险的融资组合策略，同时也要注意不同融资方式之间的转换。在制定资本结构方案时的一般做法是分别计算各融资方案的加权平均资本成本比，然后选择最低的融资方案。除此之外，企业需要观察投资者对贷款、股票市场价格波动等的要求，并根据财务分析判断当下资本结构的合理性。同时，财务人员可以运用一些财务分析方法对资本结构进行更详细的分析。最后，根据分析结果在企业进一步的融资中尝试改进其资本结构。

第三，寻求一个融资组合，采取多种融资渠道相结合的方式，避免单一的融资渠道，减少经营风险。选取多种融资渠道，这样，当某一融资渠道失败时可以采取其他的融资渠道来弥补另一方的缺失，及时补上资金，使得公司能正常经营。多样化的融资渠道还可以给管理层带来多方面的监管和约束，督促其提升业绩，从而实现公司绩效的提高。

7.6　本章小结

本章探讨了公司经营业绩对外部融资可能产生的影响。通过整理国内外文献以及前人的研究成果，本书认为经营业绩对外部融资的影响主要体现在两个方面：一是通过影响企业的外部融资成本而产生作用；二是先直接影响内部融资，再间接地对外部融资以及整体的融资结构产生影响。

"经营业绩好则利于外部融资"——这是普遍的共识和容易先入为主的观念，然而现有的中外研究成果并不足以支持该论断。虽然经营业绩与融资成本确实有关联，但它们的关联可能与理论的推断不同。

内部融资与企业绩效最为一致：当绩效上升时，内部融资的比重也随之增大；而当它下降时，内部融资就随之减少。主流的学说和观点认为，企业应该优先进行内部融资，应尽量减少借款融资和股权融资，减少不必要的费用和手续，以最少的融资成本在最短的时间内得到融资，而这样做的前提是良好的经营成果使得企业有充足的内部资金储备。另外，要加强对企业的绩效分析和经营成果的分析并对症下药，这样才能更好地实现企业价值或是股东的利益最大化，而这正是优化融资结构和改良公司治理的最终目的。

第 8 章

会计稳健性对融资效率的影响研究

　　融资一直是企业经营面临的重要问题。企业融资可以分为内源融资和外源融资。但是随着企业发展壮大，仅靠内部融资很难满足企业的资金需求，因而融资方向转向外部融资。而现在我国宏观经济下行压力大，企业经营环境恶化，投资者对于企业的经营风险变得格外关注，导致企业融资变得非常困难。因此，高效的融资会使企业在下行经济环境中的压力减轻。会计稳健性强调对亏损确认的及时性，对风险的敏感性很高，所以研究会计稳健性对于融资效率的影响具有重要的实践意义。

8.1　问题的提出

　　一直以来，受预算软约束、内部控制和政府干预的影响，与非国有企业相比，国有企业更容易获得融资，国有商业银行在对国有企业发放贷款时并没有重视投资效益，而非国有企业以及中小企业在银行贷款融资方面常常受到歧视。但是近年来，我国经济下行压力大，大量企业经营困难，资金链断裂，国企的融资优势在经济形势和市场化改革的影响下逐步缩小。这些现象使得市场的投资选择变得更加谨慎，对于谨慎性的要求更加严苛，企业的融资变得更加困难和低效。因此，研究会计稳健性对于融资效率的影响就变得很有必要。会计稳健性一直受到学术界的关注，在会计实务方面影响深远。本章借鉴已有研究成果，为深入会计稳健性在融资效率方面的研究提供了一些参考，具有一定的理论意义。

当前经济下行压力大，企业融资出现新困局，投资者的选择更加谨慎，社会资本的配置格局可能会发生变化。研究会计谨慎性对于融资效率的影响可以为会计稳健性在我国市场经济背景下的发展运用提供一些政策建议，对于提高我国资本市场运行效率和完善市场结构有着重要的现实意义。

8.2　会计稳健性与融资效率的关系

会计稳健性关于收益损失确认的不对称性可以帮助委托人来约束代理人的机会主义行为，缓解代理冲突。这限制了经营者在经营决策上的保守或冒进，提高了经营质量，保证了融资的利用效率，降低了风险。

融资效率分为主体效率、交易效率和资源配置效率。主体效率属于个体效率，相当于生产效率。交易效率就相当于制度效率，而资源配置效率就是宏观上的社会效率。融资交易参与方有融出方和融入方。交易效率可以分为融出和融入两方面。在资本市场上，由于供求不平衡，资产的价格受到供求关系的影响，是不受融资双方的行为改变的。因此，决定融资效率的就是交易成本。交易成本就是利用市场发生的一切成本，包括寻找成本、谈判成本、决策成本和履约成本等。事后交易成本包括代理成本、违约成本等，这些成本的不确定性高，会对融资双方造成严重的影响，所以事后交易成本是关键。资金融出方的事后交易成本是监督成本和违约成本。融资企业的特征、所处的经营环境都会影响这两项成本。资金融入方的事后交易成本主要是代理成本和破产成本。代理成本是指为解决委托方和代理方存在的冲突发生的成本。不同融资方式的代理成本不同，债券融资对代理人的约束力较强，可以限制其的不合理投资行为，因此，代理成本低。破产成本是指债务融资带来的财务风险成本。债务融资比例过高以及每年的利息支出过大，会对经营带来很大的风险隐患。

会计稳健性可以有效缓解信息不对称、降低事后交易成本、提高交易效率，从而提高融资效率。

8.3　研究结论和建议

8.3.1　研究结论

首先，会计稳健性会对企业融资活动产生重要的影响。会计稳健性有利于缓解委托方和代理方之间的信息不对称程度、限制代理人的机会主义行为、弱化盈余操作的动机以降低盈余管理带来的会计报告偏差。从而改善了契约效率、降低了融资成本，同时降低投资者的向下理性预期，推动合理的资本市场定价，提高了融资效率。

其次，本章通过系统分析和主成分分析法提取综合指标衡量融资效率，以此来探讨会计稳健性对融资效率的影响。结果表明，会计稳健性越高，企业的融资效率越高。相对于国有企业，非国有企业会计稳健性对融资效率的影响起促进作用。每股收益、公司规模和有形资产规模与融资效率呈显著正相关。并且公司规模对融资效率的影响程度最高。这和我国现实情况一致。我国企业的主要融资途径是银行贷款。银行信贷风险控制的主观性较强，将公司规模和可抵押资产作为信贷风控的主要考量。这也使得中小企业在获得银行贷款方面存在先天劣势。而在债务融资方面，债权人对于违约风险的偏好更严重，处于信息劣势的债权人更倾向于通过实体规模等可减少信息不对称程度的指标来判断风险。在股权融资方面，由于市场机制不健全，投资者的趋利态度和融资企业的"圈钱"行动使得财报上的收益盈余成了影响投资者决策的主要因素。

在非国有企业组中，会计稳健性的回归系数大于在全样本中的稳健性回归系数，说明非国有企业的会计稳健性对融资效率的影响更显著。而国有企业会计稳健性与融资效率的关系虽然不显著，但是呈现负相关。这一定程度上说明，国有企业的会计稳健性对融资效率起负向影响。这也造成当全样本组回归时，稳健性系数比较小的现象。在国有企业组中，稳健性对融资效率的影响不显著是由于受到了更多情况的干扰。但是也说明国有企业存在很多待调整改进的地方，其对市场的完善和有效运行有很大影响。

最后，关于我国企业的融资现状。从银行途径获得的间接融资目前仍是中国解决资本短缺的主要途径，但是国有企业对银行的过度负债使银行产生了大量的不良资产，银行的经营风险越来越大。为了缓解银行的不良风险压力，政府推动企业进行直接融资，但是股票市场上的股票大都缺乏投资价值，造成融资过度，而国有企业在资本市场上效率较低。而国有企业和国有银行的产权主体都是国家，这种产权主体并不具备独立利益。这使得国有企业经营没有压力和约束，而国有银行也没有很好的风险意识来判断贷款的优劣。这些使得国有企业在融资方面仍然十分依赖银行贷款，而国有企业的所有者缺位使得企业的经营没有足够的压力，而债权人银行也无法利用债务约束企业经营。同样，所有权约束也使得资本市场对企业经营的控制作用减弱。从这些方面可以认为国有企业的融资效率偏低。

非国有企业的外部融资约束较大，在融资渠道上的限制更多。首先，在银行贷款方面，基于信息不对称造成的信贷配给以及银行对于非国有企业存在的倒闭风险和贷款违约的风险使得非国有企业在银行信贷受限较大。在股权融资方面，我国的资本市场主要为大型国企服务，所有制歧视的存在和较高的发行成本挡住了大量中小企业，由于中小板市场的定位局限性，多数中小企业难以获得稳定的外部融资，而非国有企业在融资工具的选择上并不十分重视，这些情况造成了非国有企业存在较大的融资缺口。

在对我国企业融资现状进行分析后可以认为，会计稳健性对融资效率的研究是有必要的。会计稳健性能有效缓解信息不对称带来的逆向选择问题，使得市场价格和企业真实价值趋于一致；抑制盈余操纵，减轻圈钱现象；同时，能缓解委托人和代理人之间的利益冲突，减少非效率投资，从而提高融资效率。会计稳健性研究为企业在融资活动中对于自身内部的调整提供了一些思路。

8.3.2　建议

8.3.2.1　合理安排会计稳健性在企业会计活动中的应用

会计稳健性是指在处理企业不确定的经济业务时应持谨慎的态度。也就是说，凡是可以预见的损失和费用都应予以确认，但不能预估收益。在市场经济条件下，企业不可避免地会遇到风险，保持谨慎态度，坚持相关原则，就能在风险实际发生前将其化解，帮助企业进行正确的决策，保护所有者和债权人的利益，实现企业价值最大化。

首先，提高会计人员的专业素质。会计稳健性是对企业的不利情况进行及时确认，是对企业的低估。而一般企业不会愿意去低估企业的经营成绩，这样可能会加重外部利益相关者的低估预期，给企业造成负面影响。所以对企业的低估要适度，且更依赖会计人员的主观判断。其次，进一步完善相关法律法规和会计准则。企业关于财务信息的编制需要遵守相关法规，也要符合会计准则的要求。企业盈余的低估并不能得到潜在投资者的理性回应，反而可能引发市场对公司财务透明度的质疑，进而削弱投资吸引力，所以企业没有动机低估经营而去实现会计稳健性。因而需要从法规和准则方面对企业进行这方面的引导。最后，完善监管体系。会计稳健性向外部传递出一种信号，但是这种信号不一定能给投资者提供积极的信息。如果市场上的其他融资者提供利好信息，会造成该企业的传递信息变成负面信息，从而打击了其在市场中的形象。所以为了防止这种现象发生，需要完善监管体系，即事前对信息载体，即财务报告进行审核，事后对行为进行处罚。

8.3.2.2　深化国有企业改革，完善国有资产管理体系

近年来，国家提出发展混合所有制经济。允许民营资本进入国有资本投资项目。发挥国有资本的引导作用，提升资源利用效率。完善国有资产管理体制，从资本入手加强国有资产的监督和管理，实行授权经营体制，建立国有资本投资运营公司。混合所有制改革尊重市场经济和企业发展规律，充分发挥市场机

制作用，实现产权多元化和企业法人治理结构的完善。在健全治理机制方面，落实企业市场主体地位。减少政府干预，确保治理机制到位。对高级管理人员实行市场选聘制，并对其进行业绩考核。健全产权制度，明确产权主体，保护股东的利益，完善法人治理结构，坚持权责对等，按规则和制度运行。

8.3.2.3　建设多层次资本市场，开通多元立体化融资渠道

建立交易规范的场外市场，加强社会经济主体的参与度，完善多产品交易机制，满足各类主体的融资需求。加快区域性资本市场的建设，有针对性地解决不同区域的融资困难。建立统一结算制度，完善公开市场。加强监管，明确监管主体，完善相应的交易规则和监管制度。对融资市场进行更有效分类，针对不同经营模式和行业的各类融资企业进行合理划分，并针对不同需求和风险收益估计开发相应的资金融通产品，打通资金需求和供给之间的通道，建立起满足各类市场主体融资需求的渠道网。

完善多层次资本市场，将各类企业置于市场中，可以更好地满足不同企业的融资需要，也可以激发企业经营活力，使资金的流动更加迅捷，市场资源配置效率也会提高。建立立体式多元化的资本市场，使不同企业能更好地融入市场运行体系中，这样才能使市场活跃起来，激发市场自有的调控作用，达到更好的良性循环。有效的资本市场会加强会计稳健性与融资效率的相关关系，从而为会计稳健性在会计实务中的应用以及融资效率的分析提供环境支持。

8.4　本章小结

会计稳健性会对企业融资活动产生重要的影响。会计稳健性有利于缓解委托方和代理方之间的信息不对称程度，限制代理人的机会主义行为，弱化盈余操作的动机以降低盈余管理带来的会计报告偏差。从而改善了契约效率，降低了融资成本，同时，降低投资者的向下理性预期，推动合理的资本市场定价。最后提高了融资效率。所以我们应该在会计稳健性的基础上对企业进行合理的改善，创造最大的融资效率。

第 9 章

信息时代下会计信息的对称性

9.1　问题的提出

报表粉饰、信息造假、企业筹资困难等都与会计信息的不对称有关。而且，随着经济全球化以及电子商务等的兴起，似乎还有越来越多的问题涌现出来，那么这究竟是因为信息技术的使用使得信息安全降低、信息更容易被修改操纵以及各个会计系统之间的千差万别和无法兼容造成的，还是仅仅是商业活动的增加造成的必然现象？现代信息技术是否能如大部分人期望那样提升会计信息的质量、降低会计信息的不对称性，这正是本章所要探讨的。

值得注意的是，信息技术是把双刃剑是大家所公认的。所以可以肯定地说，其对于会计信息的正负影响一定是都存在的，那么也就等同于探究信息技术对会计信息对称性的影响。

对于信息技术究竟是提高还是降低了会计信息对称性这个问题的答案，不仅仅在于揭示信息技术对会计信息的影响，针对这个问题最主要的研究意义在于其对未来会计行业的发展有一个大致的指导。只有弄清了会计信息对称性受损的原因，才能对症下药。比如说，如果信息技术能够提升会计信息的对称性，那么会计行业的进步就要时刻与信息技术的进步保持一致，并且充分利用信息技术所带来的优势。相反，如果信息技术损害了会计信息质量，那么就要考虑是信息技术本身的问题，还是信息技术的利用出现了问题，并一一找出应对方法。

经济交易的复杂度已经由古代时简单的个人交易演变成了现在的各种跨国企业交易。随着现代商业社会的经济交易活动量的日益增加，活动的复杂程度的日益加剧，会计作为记录经济交易的一门语言发挥着越来越重要的作用。同理，会计信息的对称性对于社会经济的发展也是越来越重要。它涉及资本市场的正常运作以及广大公众的利益，公众对于资本市场的信心建立在优秀的会计信息的质量上。同律师、医生这些行业一样，会计行业作为服务社会的基本专业之一，有责任通过不断提高自身的服务质量来满足与日俱增的社会需求。而这个问题也是在考虑会计行业的未来发展时所不可回避的问题。

9.2 信息技术对会计行业的总体影响分析

信息技术的快速发展对会计行业产生了很大的冲击，会计行业面临着新的变革，比如会计学理论的变革、会计行业语言的变化、会计人员工作内容的更新等，这不仅扩大了会计行业的范围，对从事会计工作的人的素质提出了许多新要求，而且对会计信息的对称性同样产生了非常大影响。

信息技术对会计行业的影响是不言而喻的，由于 IT 技术在会计行业中的广泛应用，信息技术已经对会计行业产生了深远影响——不仅影响了会计行业的技术手段、核算方法、管理方式等方面，更重要的是对会计信息的质量产生了影响。与此同时，会计信息的质量特征的不断发展与完善也对信息技术提出了许多挑战。

9.2.1　信息技术的运用影响会计信息质量

会计信息主要有八大质量特征，分别是相关性、真实性、及时性、可比性、可靠性、可理解性、谨慎性、重要性。信息技术对这些质量特征都存在着两方面的作用，既可损害它，又可加强它，但一般来看，加强比损害的程度要大得多。后面将选取几个会计信息质量特征进行详细的分析。

信息技术在会计行业中的推广、发展和应用主要经历了三个阶段。将这三个阶段与信息技术对会计信息质量的影响结合来看可以知道，信息技术的发展与会计信息的对称性有着密不可分的关系。

9.2.1.1　第一阶段（会计电算化阶段）

这一阶段是信息技术在会计领域进行应用的初级阶段。这一阶段的特点在于计算机在一定程度上取代了人工在会计上的应用，从而将人力从一些低级的会计工作中解放出来。需要注意的是，这种取代程度非常有限，会计信息的收集与高级处理基本仍然由人来做，计算机所发挥的作用仅限于数字上的运算与信息的统计，人工错误与欺诈依然不会减少。所以会计电算化在会计信息的质量提升上可能无法达到大家所期望的那样，甚至会使会计信息造假的方式借助于计算机的使用而变得更加隐蔽，从而产生了更多财务造假的机会，给会计信息对称性带来负面影响。不过，不可否认的是，会计电算化使得会计信息的处理效率大大提高。以往人工计算需要一个多月时间的工作量交由计算机来处理可能只需要几分钟。这不仅能够大大提高会计信息的处理效率、降低会计信息处理的成本，而且加强了会计信息的及时性。

9.2.1.2　第二阶段（ERP 信息系统推广运用阶段）

ERP（企业资源计划）在上一阶段的基础上对第一阶段存在的缺陷进行了修复。这是一种创新的企业管理软件系统。它使得信息能够在各个子系统之间进行交流，比如生产部门和销售部门的相关信息能够在系统中直接传递给财务部门，使财务部门的系统能够直接生成会计记录。这样一来ERP 就不再像第一阶段那样仅仅只是负责数据的计算与统计，它能直接生成并处理会计信息，使得人工产生及处理会计信息时出现错误的可能性以及对会计信息进行操纵的机会大大降低。信息技术对会计信息质量的正面影响正在越来越突出。不过，会计行业的信息化发展到这个阶段依然只是局限于内部的信息产生、交流与处理。

9.2.1.3　第三阶段（网络会计平台的建立与应用阶段）

网络会计平台的建立与应用使得企业内部与外部能够更加有效地进行信息交流。一方面，企业内部会计信息的产生将不再局限于内部信息，而是更多地考虑到外界输入的信息，从而杜绝了会计信息的不完整性与偏向性，这一点将提高会计信息的可靠性。另一方面，会计信息的外部使用者能够非常方便地获得与决策相关信息，并且能够及时与企业内部进行信息交流。这大大提高了会计信息的相关性与及时性。到了这一阶段，信息技术对会计行业的推动作用完全展现出来了。信息时代的信息质量比以往任何时代都要高。

9.2.2　信息时代下会计行业面临的变革

会计行业的产生和发展除了受到社会经济状况的影响，还受到信息技术大发展的影响。这是由于为社会公众提供服务的行业中所有的规则都应当与该行业所赖以存在的社会经济状况相适应。然而会计行业中的这些规则的设立和施行却又无法超越由信息技术实现的可能性。也就是说，信息技术的发展也为创立新的会计模型、会计规则和会计制度等创造了必要的环境。四大会计师事务所之一的毕马威公司的合伙人、会计学家鲍勃·埃利奥特（Bob Elliort）曾经用"第三次浪潮"一词来预言，他认为，从工业革命开始，每一次技术上的进步都会产生一股浪潮推动行业的变革，首先是工业，其次是服务业，最后是信息技术带来的这股浪潮推动了会计行业的发展。由此我们可以感受到信息技术将对会计行业的方方面面产生巨大的影响。这种影响将使传统会计行业在 21 世纪产生巨大的变革。为此，鲍勃认为，教育行业应该为这次变革做好准备，为社会输送会计行业变革所需的人才。

9.2.2.1　会计学向边缘学科发展

中国著名会计学家杨纪琬先生在生前曾说："在信息时代下，会计学将从一门独立学科逐渐转变成为边缘学科。"作为管理学的分支，会计学的内容会一直扩大，其独立性也就相应地不断缩小，从而更加表现出会计学与其他管理学科相互影响、相互制约、相互渗透、相互支持、相互依赖的关系。

9.2.2.2　会计学理论系统的革新

在信息时代下，会计学的有关学科理论将会发生许多的变化。信息技术的使用催生了电子商务的发展。由于电子商务具有与传统商务相区别的特殊的模式，许多会计模型变得过时，因此，需要进行调整及更新。

9.2.2.3　信息技术促使会计语言和程序发生变化

信息时代下传统的会计语言程序将发生非常大的变化。会计语言中的一些词汇在会计行业中的应用将逐渐减弱。企业经营管理的网络信息化使得会计信息来源和信息表达方式从一元化向多元化方向发展。其中最明显的表现就是信息技术所导致的纸质媒介的末日。传统会计行业中对于纸质记账凭证的制造、加工将被电脑系统中的数据处理所完全代替。记账凭证一词有可能在将来成为历史名词，而信息技术的使用能够使数据以多种方式和形式向外界传达。

9.2.3　信息技术对会计行业的影响总论

信息技术的发展正在造就一个全新的、更加先进的会计行业。改变的空间越大说明这个行业越是具有发展前景。在信息技术发展的浪潮下，这些改变是无法避免的。我们应该以积极的心态来迎接这些改变，并处理好由旧的会计工作方式向新的会计工作方式转变过程中的种种问题。从整体上来看，信息技术必定会提高带会计信息的质量。

值得注意的是，信息技术并不是影响会计信息质量的唯一因素，还有许多其他的因素也会对会计信息质量产生很大的影响。比如说，要确保会计信息质量，还需要注重培养会计从业人员的职业道德，从根源上来防止信息造假等事件的发生。

信息技术对会计信息质量的影响同样也有不好的方面。未来会计行业的发展应该将提高会计信息的对称性作为一个重点，加强信息监督，最大限度地发挥信息技术对会计信息质量的积极作用，抑制消极作用。会计师以及其他信息使用者，比如股东，应该对会计信息的质量越来越有信心。信息技术的发展也应该使会计信息的产生及使用成本下降，使投资者对资本市场的信心增加，这样一来，信息技术对会计行业的积极影响才能越来越充分。

9.3　信息技术对会计信息的质量特征的影响分析

研究所考虑的会计信息质量特征包括会计信息的相关性、真实性、及时性、可比性。在这里，笔者通过着重分析信息技术对这些质量特征的影响来推断其对会计信息质量总的影响。

9.3.1　对相关性的影响

会计信息的相关性即会计信息要与决策相关。如果信息与决策无关，只会造成资源上的浪费与耽误决策。

在以往，信息技术要通过人工筛选才能得到决策者所需求的信息，这往往需要投入较大的精力与时间。比如，人们需要自行将账簿上的信息通过人工计算汇总得到一个时段的总变化量，如果交易量很大的话，这往往会让计算者花费最少半天的时间。不仅如此，人工计算容易出错，一旦发生这种情况则前功尽弃。

但进入信息时代后，借助于各种软件的使用，信息能够通过计算机来加以处理。决策者能够根据自己的需要筛选与决策相关的信息或者通过计算机对信息的加工来获得自己所需要的信息。比如 Excel 软件的广泛应用使得人们只需要在数据产生时将其输入即可，其余的一切信息加工都可以由该软件来进行。而且，计算机运算准确，不太容易产生错误。

信息技术对相关性产生的负面影响主要来源于技术上的不足或者滥用。当信息的输入出现技术上的问题时，比如系统紊乱导致信息分类错误或者信息储存失败而相关操作人员又没有及时意识到时，就会造成一些无关的信息被录入系统或者信息的缺失。

9.3.2　对真实性的影响

会计信息的真实性是指会计信息没有造假且没有误导信息使用者。财务造假案产生的后果非常严重，极大地损害了股东和公众的利益。但同时，由于这种信息不对称情况的存在，管理层利用信息优势做有利于自己的事而背离股东的利益，隐瞒股东信息等此类现象的出现也催生了审计的诞生。

从表面上看，财务造假的案件数量与日俱增。这个现象是不是由信息技术的应用产生的是人们需要考虑的问题。

信息技术在笔者看来实际上是加强了关于数据的监管，对于信息的隐瞒变得越来越困难。原因在于信息系统往往存在许多向外界传递的途径，互联网技术使得信息的获取越来越方便。以往，股东若是需要相关的信息，只能去找管理层向他们当面获取，而现在，只需上网点击官网的相关板块，即可获得公司年报等相关信息。这种信息获取的便利削弱了管理层的信息优势地位。除此之外，由于信息系统存在许多的授权机制，管理层不会像以前一样还能够通过直接接触账簿来对信息进行篡改，现在可能只有相关会计人员拥有登录记账系统的密码。而管理层若要进行舞弊只能通过收买相关人员，这增加了舞弊的成本和曝光概率。

而对于现在与日俱增的财务造假案，笔者认为这实际上是由企业数量的大大增加导致的。基数大了，虽然概率变低，造假案的数量依然会变大。

9.3.3　对及时性的影响

及时性意味着信息使用者能够得到最新的信息以及信息能在其有效期内到达相关使用者手中。而信息技术的应用对于这方面的促进作用是不言而喻的。

所谓社会的发展就是信息传递效率的提升。第一次工业革命火车轮船使得交通速度获得了巨大提升，也就等同于信息传递速度的提升。第二次工业革命诞生了电话电报。第三次科技革命诞生网络，再到现在的移动互联时代。信息的传递已经达到了空前的高效。人们随时随地都能获得最新的信息。对于会计信息的传递同样也是如此。网络技术的发展使得公司利益相关者能够随时获得公司相关的最新信息。

9.3.4　对可比性的影响

可比性是指信息在两个方面的可比：其一是垂直可比，即对于同一个会计主体不同会计年度的信息可比；其二是水平可比，即同一行业内的不同单位之间信息可比。

信息的可比性对于决策来说是非常重要的。以一般的企业为例，信息的可比性使得人们能够分析公司各方面的动态变化以及大致表现。在以往，信息的可比性是比较难以实现或者可比性很低的，原因在于不同的企业会采取相对有差异的会计记录系统与分析方法，缺乏一个比较标准化的会计系统。信息技术在其应用的初始阶段催生了许多会计系统软件。一开始依然是各系统之间有许多差异，且不同的系统之间数据难以转换。但现在已经有了比较标准化的会计信息系统，并且信息存储功能越来越强大。以往需要一整个仓库才能放下的许多年的会计信息记录，现在一个小小的硬盘就能储存比之前大得多的信息量。

除此之外，由于信息传递效率的增加，行业数据更加容易获得。软件自带的数据分析功能也使得信息的对比更加便利与科学。信息技术带来的这些改变都大大增加了会计信息的可比性。

当然不可否认的是，会计信息系统还没有能够做到完全的标准化，不同系统之间会计信息的转换仍然需要耗费大量成本。这种现象在国际比较中尤为明显，这一问题的解决需要期待信息技术的进一步发展。

9.3.5　信息技术对会计信息质量的影响总结

信息技术在使会计信息流动更加快速与频繁的同时并没有使其变得眼花缭乱、难以监管，而是通过一些硬性的方法，比如密码等措施更好地限制了信息的改动权限。搜索与筛选引擎的存在也使得会计信息得到有条不紊地分类。这大大增加了人们使用会计信息的效果与效率。信息技术所造成的问题往往也不是技术本身所带来的问题，而是技术的使用不当造成的。所以，信息技术将不断地提升会计信息的质量并为其带来更多的变革。

9.4　本章小结

9.4.1　研究结论

本章经过多方面的文献查阅后认为，信息技术使得会计信息的对称性大大提升了。

社会在信息技术的推动下进入了大发展的信息时代，大大削弱了管理层对于公司利益相关者的信息优势地位。也正是因为这个原因，投资者相比以往对于资本市场更加有信心，从而催生了大量企业的诞生。良好的信息对称性也使得公司的股东能够确保管理层的行为代表着他们的利益，从而为企业的成功保驾护航，为企业的发展吸引投资。甚至可以说，信息技术的发展空间有多大，会计信息对称性的提升空间就有多大。

不可否认的一点是，技术的滥用与误用是会计信息对称性受损的主要原因，而与技术本身没有太大关系。这一点就需要靠会计信息系统的合理设计以及良好的人员 IT 培训与软件使用的培训将这种情况发生的概率和影响降低到一个可接受的低水平。因为无论一个系统的设计与运作多么的完备，其始终会存在一些固有的风险，我们能做的就是通过改进与正确的使用来降低这一风险。

9.4.2   对经济管理发展的启示

信息技术的发展所带来的好处远远大于其所带来的问题。社会向信息数字化时代发展的趋势已然不可阻挡。作为为社会发展提供支持的会计行业以及其他经济管理行业，只有时时刻刻保持与最新技术的接轨，才能满足社会飞速扩大的需求。

公司应该把会计信息系统的应用与更新作为公司战略以及公司治理的一部分，信息技术带来的会计信息质量提升不仅使企业的相关决策更加可靠，同时也使得社会公众能够更加便利地获取公司信息，实现信息透明，促进资本市场的蓬勃发展。只有当人们对资本市场有了充足的信心，才能催生更多的创业并促进就业，从而实现经济的繁荣。

我国目前的会计信息技术的使用率相比于西方发达国家仍然有比较大的差距，人工使用率依然比较高，这种情况产生的原因一方面是由于相关技术并没有西方国家成熟，另一方面也是由于版权保护意识的淡漠使得国内缺乏会计信息系统的开发。国家要想促成技术的自生产，需要加强在版权方面的立法，除此之外也需要积极吸收国外的先进技术和优秀的管理经验。这样一来，我国便能降低财务造假之类损害会计信息对称性的事件的发生率，并且从信息产生的源头上改善会计信息的质量。

当然，这样的工作并非一朝一夕即可完成，信息技术的升级变革也是永无止境的。如此一来，只有不断加强信息管理与信息安全方面的立法，才能确保会计行业和社会的发展始终能够享受到信息技术发展带来的进步。

第 10 章

融资约束下的企业创新与发展研究

10.1　问题的提出

党的二十大报告明确提出，强化企业科技创新主体地位，推动创新链、产业链、资金链、人才链深度融合，对企业技术创新能力提出系统性要求。当前世界为百年未有之大变局，企业的生产经营活动面临巨大威胁和挑战，提高企业创新能力是改善企业生产经营、增强企业市场竞争力的重要手段，我国正在加快形成以国内大循环为主体、国内国际双循环相互促进的双循环的新发展格局，这对企业的创新发展有了新的要求。企业发展是企业适应未来未知的环境的必然要求，这能使企业得以进一步运行，从而实现企业的目标。企业在发展过程中会进行各种融资活动，但是资本市场并不完善，信息不对称问题和代理问题的存在使得外部的成本高于内部资本的成本，导致了融资约束问题的产生。由于在外部市场中企业受到融资约束的程度不同，企业往往会采取不同的融资决策，从而对企业发展造成不同的影响，企业的创新活动属于企业的商业机密，具有较高的保密性，这进一步加深了内外部的信息不对称性。当企业面临较高的融资约束时，会降低对创新的投入，这时企业的创新活动和创新能力就会受到影响。黄婷婷和高波（2020）认为，企业创新活动需要资金支持，获得资金的难易程度通常与创新中商业投资所面临的融资限制紧密相关。

在此背景下，本书试图探究影响我国上市创新型企业技术创新活动中的融资难题，对融资约束与企业技术创新投入和发展的作用机理和路径进行深入剖析。创新投资的主要特点为高成本性、高度不确定性、高收益性、高风险性和战略性。它的市场竞争力主要源于自主创新模式的形成和创新能力的提升，因此，提高创新能力是创新型企业应对市场竞争的必然选择，也是其在国际竞争新形势下提升可持续发展能力的积极途径。但是创新型企业的资产规模有限，从银行直接获取信贷的难度相对于其他企业而言更困难，因此，它更依赖于企业内部自由现金流，所面临的融资约束更大。在融资约束下，中小企业如何寻找路径保证企业创新能力的持续性是我国经济发展迫切需要思考的，也是本书试图回答的问题。

10.2　研究假设

10.2.1　融资约束与创新投入

依据融资理论可知，现实中的资本市场是不完美的，尤其在中国，资本市场的交易制度、市场体系以及监管制度还很不完善，由于资本市场会出现信息不对称问题和代理问题，企业内部融资和外部融资不能进行自由替换，因此，在资本市场环境中小型企业会产生融资约束问题。一方面，企业为了可持续发展必然要进行创新活动，会需要相应的制度支持和资金保障，然而企业内部资金往往是有限的，这就使得企业的技术创新活动可能会受到内部资金的制约，因此，企业进行技术创新活动具有向外部进行融资的动机。而企业在向外部进行融资时，制度的不完备性加之市场各主

体之间的信息不对称会导致融资溢价，增加企业的融资成本，进而增加了
技术创新活动的融资困难程度。所以，融资约束问题是影响企业技术创新
投入的重要因素。另一方面，企业管理层为了规避财务风险，在企业面临
融资约束时进行技术创新活动决策必然要考虑外部融资成本和风险报酬的
影响，进而会抑制企业进行技术创新的动力。加之企业技术创新具有的不
确定性，企业管理层在面对绩效考核的目标时更注重企业短期目标，因此
不愿意进行周期长、不确定性高的技术创新投入，企业管理层对技术创新
投入的热情不高。已有研究发现，融资约束抑制了企业的技术创新投入。
姚雨秀和邓璐瑶（2020）从创新决策与创新投入程度两方面讨论了融资
约束下自主创新与合作创新之间的关系，研究结果表明，融资约束抑制
了企业的自主创新与合作创新。萨维尼亚克（Savignac，2008）指出，
企业融资约束显著阻碍了企业的技术创新活动。布吉亚斯（Bougheas et
al，2003）基于爱尔兰制造业公司的数据考察流动性约束对技术创新投
入的影响发现，这些公司技术创新投入投资存在融资约束。哈吉瓦西利
乌和萨维尼亚克（Hajivassiliou and Savignac，2011）认为约束性融资约
束会阻碍创新，同时，创新型公司更有可能面临约束性融资约束，且创
新与融资之间存在正向和反向相互作用。范意（2019）分析了企业面临
的融资约束对企业创新活动的影响后认为，企业内部融资是企业创新活
动的首选融资方式，通常企业的内部现金流越多，企业面临的内部融资
约束越低，越有利于企业创新活动的开展；企业面临的债务融资约束越
大，越不利于企业创新活动的开展。张杰等（2012）利用大样本微观企
业数据识别了企业技术创新投入的融资渠道及存在的问题。研究发现，
融资约束对民营企业技术创新投入造成了显著抑制效应；企业技术创新
投入的融资渠道主要来源于自身现金流、注册资本增加及商业信用，而
银行贷款对企业技术创新投入有负面影响。基于上述分析提出第一个
假设：

假设 10-1　融资约束会抑制企业对技术创新投入，且企业的融资约束
程度越严重，对技术创新投入的抑制程度越深。

10.2.2 研发投入和企业绩效

熊彼特（Schumpeter）技术创新理论指出，创新就是不断地从内部革新经济结构，旧的结构不断被破坏，新的结构被创造，每一次大规模的创新活动都会使旧的技术和生产体系被淘汰，从而建立起新的技术和生产体系，正是创新对产业的这种"创造性破坏"作用在不断推动产业持续健康地发展。即创新是将新的发现和发明转化为企业新的生产力，这将打破企业原来形成的生产平衡，甚至冲击整个行业市场。不仅如此，企业进行研发创新活动也有利于打造自身品牌，品牌效应给企业带来的潜在价值是长期的，也是其他企业难以模仿的，所以这就体现了研发活动对企业长远发展的积极影响。但在短期内，企业开展研发活动会降低企业的利润，对外部投资者来说是负面信号，会对企业的市场价值产生不利影响。徐添懿等（2018）发现，研发投入是增强企业竞争力的重要因素。杨中环（2013）研究了2007～2009年80家上市公司的数据发现，研发支出对企业价值指标的影响存在显著的滞后效应，可能的原因是我国资本市场缺乏完善的机制。基于上述分析，提出本书第二个假设：

假设10-2a　当期企业财务绩效和当期创新投入存在负相关关系。

假设10-2b　当期企业财务绩效和滞后的创新投入存在正相关关系。

10.2.3 融资约束、研发投入和企业绩效关系

当企业面临的融资约束较小时，由于资金充足，出于任期内将企业绩效做高、谋求自身职业发展的考虑，管理层更愿意将资金用于低风险、收益稳健的项目。研发活动的特点是高风险、高投入且回收期长，即使项目取得了较好的收益，大部分收益归股东所有，管理层的可期待利益不足以抵偿研发失败带来的风险，这便容易产生"投资不足"的代理问题。当企业是高融资约束企业时，根据资源基础理论，企业通过研发产生的经济效益不仅和项目本身的前景有关，也和宏观经济环境和企业的内部治理机制

相关。如果企业利用外部融资无法获取足够的资金用于创新研发，则会被迫将大量资金留存于企业内部，从而分散了企业投资其他业务的资金。一旦研发项目失败或没有赚取足够的利润，企业的管理层也会面临巨大的绩效考核压力。所以，高融资约束企业的管理层在企业经营过程中会更为谨慎，合理配置资金，将资金用于适合的发展项目来促进企业绩效提升。因此，融资约束一定程度上可以缓解代理问题。陈丽姗和傅元海（2019）认为，融资约束会增加企业创新投入成本或者抑制技术创新投入，但同时，当融资约束趋紧时，企业很可能会加强创新资金管理、提高创新资金使用效率等，从而促进企业当期高质量发展。对于上述分析，提出本书第三个假设：

假设 10 - 3　与低融资约束企业相比较，高融资约束企业的创新投入对企业财务绩效具有更强的正向作用。

10.3　实证研究

10.3.1　数据来源与样本选择

本书以上市创新板块企业为研究样本，选取 2015～2019 年创业板一共 788 家上市公司的有关数据，数据来源为国泰安数据库和锐思数据库。为保证数据的可靠性和实证结果的准确度，已对数据进行如下筛选处理：剔除 ST 企业的数据，因为极端值和异常值会影响统计结果，所以需要将这类公司的数据剔除；仅研究创新板块上市企业，剔除 A 股、B 股和 H 股企业和三板股企业。因为在国内资本市场，创新股是高新技术的重点研究对象；剔除数据缺失的企业。

10.3.2　变量设计

（1）企业财务绩效（OPE）。本书重点关注的是企业的财务绩效，尤其是企业创造利润的能力。

（2）创新投入（RD）。一般将研发支出与总资产的比值、研发支出与营业收入的比值、研发支出与股票市值的比值作为研发投入的指标，本书选用研发支出与营业收入作为衡量企业研发投入的指标。

（3）融资约束（FC）。本书参考鞠晓生等（2013）的研究方法，按照汉德拉克和皮尔斯（Hadlock and Pierce，2010）的 SA 指数计算公式，使用 SA 指数来衡量融资约束，并对其取对数。

SA 指数的公式为：$SA = -0.737 \times SIZE + 0.043 \times SIZE2 - 0.04 \times AGE$。其中，SIZE 为企业规模，为企业总资产的自然对数；AGE 为企业年龄，即当期所处年度企业成立时间。得到 FC 的数值为负数且绝对值越大表明企业受到的融资约束越严重。

（4）控制变量方面。在参考了以往相关研究的基础上，本书选用了资产负债率（LEV）、总资产周转率（TAT）、营业收入增长率（GRO）和企业规模（SIZE）作为控制变量纳入模型。同时，选取年度（YEAR）和行业（Industry）作为虚拟控制变量。

10.3.3 模型构建

为了验证假设 10 −1、假设 10 −2、假设 10 −3，分别构建如下模型：

（1）用于检验研发投入和融资约束关系的模型 1 如下：

$$RD = \alpha_0 + \alpha_1 FC_{it} + \alpha_2 TAT_{it} + \alpha_3 LEV_{it} + \alpha_4 GRO_{it} + \alpha_5 SIZE_{it} + \varepsilon_{it}$$

（2）用于检验研发投入和企业绩效关系的模型 2 如下：

$$OPE = \beta_0 + \beta_1 RD_{it} + \beta_2 TAT_{it} + \beta_4 LEV_{it} + \beta_3 GRO_{it} + \beta_6 SIZE_{it} + \varepsilon_{it}$$

（3）检验假设 10 −3 时，根据融资约束程度高低将企业分为高融资约束组和低融资约束组，把数据代入模型 2 进行分组回归，来验证假设 10 −3 是否正确。其中，i 代表第 i 个企业，j = 0，1，2，3；用以检验滞后一期至三期的企业绩效与当期技术创新投入的关系；t 为时间，取值 2015 ~ 2019。

10.4　研究结论与政策建议

10.4.1　研究结论

本书以 2015～2019 年我国创业板上市公司为研究样本，检验了企业创新投入与企业发展能力之间的关系，并进一步考察了融资约束在两者关系中的调节机制。主要研究结论如下：首先，创业板上市企业的创新投入与企业发展能力在当期呈显著的负向线性关系，即随着企业创新投入的增加，企业发展能力会出现减弱的趋势，但这种影响有滞后性，当滞后三期时，企业创新入与发展能力呈正向关系；其次，融资约束在企业创新投入与企业发展能力的线性关系中起到正向调节作用，即创业板上市公司在具有较强的融资约束时，融资约束会使企业创新投入增加与企业发展提升，高融资约束与低融资约束公司的制约程度有所不同，但仍然会显著提升企业的创新投入水平。本书研究结果为创新板块上市公司扩大创新投入规模以及提高企业发展能力提供了经验证据。

10.4.2　政策建议

企业技术创新水平的高低不仅决定着企业的核心竞争优势，还关系到我国经济的高质量持续增长。为了提高我国企业创新水平、加快企业高质量发展，本书从政府层面、企业层面和银行等金融机构三个方面结合本书研究结论，提出下列建议。

10.4.2.1　政府层面

（1）继续推动创业板发展，加快科创板的建设。创业板和科创板的建设为创新型企业提供更多的融资和上市机会，促进企业创新投入，提升企业价值，推动我国资本市场经济发展与产业转型升级。

（2）完善财税政策与法律制度，为企业研发提供良好的环境。创业板上市公司受到融资约束的影响，融资约束仍是制约企业发展的"绊脚石"，在鼓励企业创新创业发展的道路上，政府应积极制定政府补助、税收减免等一系列财税政策，加大激励企业进行创新投资的力度，扶植具有较强创新能力的企业，保证其研发投入持续增长。

（3）加快证券与金融市场发展，创新开发更多的融资方式与渠道，缓解融资约束，促进企业快速发展。

10.4.2.2　企业自身方面

（1）企业发展需要创新，创新为其提供原动力，面对激烈的市场竞争，企业要将创新发展作为管理层的经营理念，坚持"质量经营"的根本宗旨，建立以适应市场、开拓市场为特点的新时代市场经营管理体系。

（2）加强现金流管理，做好研发支出预算。融资约束在一定情况下阻碍企业研发投入。但研发投入对于创业板上市公司企业价值的提升是毋庸置疑的。企业应从战略角度将现金流管理与研发战略相匹配，预先估计不同研发时期的资金需求量，提前作好规划安排，保障稳定的现金流以支持企业研发需求。

（3）强化企业商业信用融资与内源融资能力。创新投资的风险较高、研发周期较长，投资者出于谨慎性考虑而减少投资，企业外源融资受约束，而内源融资具有融资成本低、不受外界条件约束的优点，因此，无论是从缓解融资约束还是优化融资结构的角度，创业板上市公司都应该强化内容融资。基于融资替代理论，近年来商业信用融资与研发投入的关系也得到了实务界和理论界的关注，学者们的研究表明，商业信用融资能够显著提升企业研发投入、促进企业创新。基于此，创业板上市公司应注重提升商业信用融资与内源融资能力。

（4）注重产学研合作，降低研发投资风险。融资受限需要企业研发缩短周期、提升研发成功率，借助高校、科研院所专业化的科研人才与设备，与其进行合作是提升企业研发成功率、缩短研发周期的有效方式。

10. 4. 2. 3　银行等金融机构方面

（1）金融机构要为科技型企业制定专门的获取融资方案，提升企业获得融资的概率和效率。银行、风险投资等金融投资机构是创业板上市公司资金的主要来源。朱敏（2018）认为，现阶段应通过为科技型企业提供覆盖全周期的投融资服务来推动创业创新生态环境的系统性升级，充分释放全社会创业创新潜能。因此，为促进创业板上市公司创新研发，银行等金融机构在进行借款信用评级时应加强研发能力指标所占比重，综合考虑企业的成长能力、创新能力、发展能力，减少对于企业规模、股权性质衡量指标的比重，消除信贷歧视、简化贷款手续。

（2）完善制度体系，建立信用担保机制，在提升自身借款收回概率的同时，助力企业的创新发展，提升企业创新活力。银行等金融机构在对创新型企业进行投资时出于对信息不对成问题存在的考虑，不愿将资金投资于企业，或者使得借贷手续烦琐，导致企业难以及时获得创新所需的资金，企业创新受到阻碍。对此，对银行等金融机构而言，则需要对相关制度进行调整：金融机构可以根据企业的贷款额度设立不同的担保制度，由此来缓解创新型企业抵押困难的问题，而并非"一刀切"地对待所有企业；同时，银行可以对企业进行信用评级，对信用较低的企业实施少贷或者不贷政策，而对高信用级别的企业适当增加贷款额度，推动企业创新发展。

（3）不断拓宽中间业务，解决企业创新发展过程中资金短期的需求。通常而言，与融资相联系的银行中间业务包括代理融通、支付结算等。通过中间业务可以帮助企业获得在融资过程中所需要的短期内急需的资金，在一定程度上帮助企业解决难题，促进其更进一步的融资或者创新发展。

10. 5　本章小结

本章探讨了融资约束对企业创新发展的影响。梳理国内外文献及前人的研究成果可以发现，首先，融资约束产生的原因主要分为广义上内外部融资成本差异及狭义上由于难以获得期望的资金数量或者外部高昂的融资成本而无法为期望的投资获取资金。其次，为进一步探讨两者之间关系，本书选取我国在创业板上市的公司 2015～2019 年的数据作为实证研究的样本来研究融资约束、科技型企业创新投入和科技型企业业绩之间的关系，并对财务数据进行描述性统计分析、相关性分析和回归分析，最后得出创业板上市企业的创新投入与企业发展能力在当期呈显著的负向线性关系，但其之间的影响存在滞后性，当滞后三期时，科技型企业创新入与发展能力呈正向关系，而融资约束会正向调节创新投入对科技型企业发展能力的影响。另外，学者从政府层面、企业层面和银行等金融机构三个方面，结合本书研究结论，提出相关建议，希望可以为解决融资约束问题提供可行性观点及措施，促进企业创新能力的发展和提升。

第 11 章

实现"互联网＋"对企业绩效的影响

农业在我国经济产业中占有较大的比重，促进农业企业的发展是我国各级政府的重要任务。但是农业本身存在的科技程度不高、生产效率低等问题也制约着农业企业的发展。而"互联网＋"与农业结合起来的思路可以有效解决农业自身的一些问题，是农业企业发展的一次重大机遇。本章以"互联网＋"和传统农业企业之间的关系为切入点，旨在探讨"互联网＋"为农业企业绩带来的变革以及对绩效的影响，结合相关的文献资料，运用科学的分析方法，评估"互联网＋"与农业企业绩效的关系。

11.1　问题的提出

我国是传统的农业大国，农业企业的发展是国家经济发展的重要一环，大力推进农业企业的快速发展已成为各级政府所面临的重要任务。现代农业技术的进步发展使得农民不再看天吃饭，农民可以通过大棚、无土栽培、人工降雨等各种手段来减低自然环境所带来的影响。但是农业本身存在弱质性，而资本市场有着非常高程度的市场化要求，所以农业企业如何提升自身经营绩效就显得尤为关键。为了加快激发互联网经济的活力，国家发改委正在抓紧与有关部门制定"互联网＋"行动计划。随着互联网时代的到来，农业"互联网＋"的模式不仅从农业生产上给予了农业新的生产、养殖方式，而且以一种新的有效工具的结合使得农业变得更加简单，同时产量也获得了巨大提升。"互联网＋"农业不仅仅是对农业生产的一次巨大改变，更是对整个农业经营、服务的一次全面颠覆性改革。农民、消费者的关系界定也不是像之前那么的死板，而是根据整个"互联网＋"的思维来进行，进入全面的共享体验时代。

我国经济发展迅速，但是传统农业企业绩效低下却制约了经济发展。传统农业面临的问题主要有生产效率低下、投入与产出比低、农产品销售方式单一等。"互联网＋"农业的形式可以解决农业自身的一些基本问题，推进传统农业向知识型农业发展，促进农业结构调整，而且利用互联网可以降低成本、提高农业经济效益。本章采用理论和实际结合的方法，运用数据对比，通过农业企业实现"互联网＋"之前和之后的绩效对比，说明实现"互联网＋"后对农业企业的绩效影响，为我国农业企业的发展提供建议。

11.2　我国农业企业发展现状及问题

11.2.1　我国农业企业发展现状

从《中国农业企业名录》统计的数据来看，在过去十多来年的发展中，我国农业企业数增长得特别快。2012 年，我国有农业企业 42.6 万家，到 2022 年，这个数字增加到了 103.4 万家，增加了 142.7%。而且在农业企业数量稳步增长的同时，有些农业企业还表现出了新的特点，就是它们的数量和职工总数逐年减少，而企业的机械化水平、生产经营规模等指标大幅度增长。农业企业这种新的经营方式很可能成为未来中国农业经营模式发展的主流，然而我国农业企业发展仍然面临着不少问题亟待解决。

11.2.2　关于我国农业企业的问题

11.2.2.1　企业规模小

我国传统农业企业规模一般非常小，员工人数非常有限。企业在产品生产以及管理上并没有经验，由于企业生产能力不足，小规模农业企业没有抗风险能力，在市场竞争中处于劣势。

11.2.2.2　发展空间小

我国农业企业的生产及盈利依靠创办人的经验，而创办人往往是农民，缺乏科学的管理经营理念，如果市场机遇不好，将会导致企业可持续性差，从而导致农业企业利润空间变小，大多数农业企业举步维艰。

11.2.2.3　融资难度大

现阶段，我国农业企业由于自身规模小、盈利差等原因，很难得到资本市场的青睐，企业发展过度依赖经营者自身财富，资本不足已经成为阻碍我国农业企业发展的关键因素。而农村地区金融体系不完善，金融机构还是银行贷款都很难垂直到达农业企业，使资本成为制约农业企业发展的主要原因。

11.3　"互联网＋"对农业企业绩效影响的案例研究

11.3.1　评价指标的选择

净资产收益率＝净利润÷平均净资产×100%

总资产报酬率＝（利息支出＋利润总额）÷平均资产总额×100%

总资产周转率＝营业收入净额÷平均资产总额

流动资产周转率 = 营业收入净额 ÷ 平均流动资产总额

资产负债率 = 负债总额 ÷ 资产总额 × 100%

已获利息倍数 = 息税前利润 ÷ 利息支出 × 100%

销售收入增长率 = 本期销售收入增长额 ÷ 上期销售收入总额 × 100%

资本积累率 = 本年所有者权益增长额 ÷ 年初所有者权益总额 × 100%

11.3.2   通过选定的评价指标进行分析

对原来没有运用"互联网 +"运营、近年来才采用的几家上市企业进行分析。

金新农科技股份有限公司的净利润与净资产在 2012 ~ 2014 年区间比较平稳,意味着金新农的经营业绩并没有得到很大提升,而从 2015 年起与"互联网 +"运营有机结合,其净利润与净资产实现巨大飞跃,这从柱状图中能反映出来。从 2015 年开始,该公司净资产收益率、总资产报酬率显著增长,企业绩效明显提升(见表 11 - 1)。

表 11 - 1   金新农的评价指标数据

年份	净资产收益率(%)	总资产报酬率(%)	总资产周转率(次)	流动资产周转率(次)	资产负债率(%)	存货周转率(%)	销售利润率(%)
2012	6.80	5.65	1.88	2.52	14.41	12.82	3.01
2013	5.23	4.12	2.02	3.02	18.67	11.87	2.04
2014	7.55	7.85	1.98	3.36	16.91	10.63	3.97
2015	8.78	8.39	1.46	2.85	32.22	14.43	5.77
2016	9.93	7.31	0.94	2.30	42.61	8.24	7.74

资料来源:根据中财网财务报表整理得到。

2011 ~ 2014 年区间,司尔特肥业股份有限公司净利润与净资产也是起伏不大,净利润有些年份出现了降低,这说明企业发展迟缓甚至停滞,从 2015 年开始,通过"互联网 +"运营,其净利润和净资产大幅增长。从表 11 - 2 来看,2013 ~ 2015 年企业净资产收益率、总资产报酬率稳定增长,企业绩效不断提升。

表 11 - 2　　　　　　　　　　司尔特的评价指标数据

年份	净资产收益率（%）	总资产报酬率（%）	总资产周转率（次）	流动资产周转率（次）	资产负债率（%）	存货周转率（%）	销售利润率（%）
2012	11.38	9.94	0.88	1.29	28.18	5.58	11.26
2013	6.93	6.42	0.91	1.61	38.26	4.79	7.01
2014	8.43	6.83	0.79	1.32	47.72	3.38	8.69
2015	10.32	8.37	0.79	1.34	26.64	3.22	10.54

资料来源：根据中财网财务报表整理得到。

2009 ~ 2015 年仙坛股份有限公司净利润波动很大，而净资产波动不大，说明企业在此期间经营状况不好，十分不稳定。但截至 2016 年，无论是净利润还是净资产都产生了质的飞跃。通过表 11 - 3 也能看出，企业的净资产收益率和总资产报酬率在 2012 ~ 2015 年很不稳定，起伏很大，但从 2015 ~ 2016 年第三季度这个时间段产生了几何倍数的增加，这意味着企业绩效出现了显著的提升。

表 11 - 3　　　　　　　　　　仙坛股份评价指标数据

年份	净资产收益率（%）	总资产报酬率（%）	总资产周转率（次）	流动资产周转率（次）	资产负债率（%）	存货周转率（%）	销售利润率（%）
2012	13.01	8.26	1.85	3.71	40.30	7.19	4.47
2013	6.51	4.27	1.39	3.24	44.90	6.64	3.08
2014	5.68	4.32	1.21	2.92	46.42	5.73	3.58
2015	2.51	1.95	1.19	3.06	31.20	5.78	1.63
2016	16.09	12.44	1.06	2.10	17.32	6.58	11.69

资料来源：根据中财网财务报表整理得到。

综上所述，根据上述实证分析可以得知：上述农业企业在 2014 年以前由于保守的经营方式使得企业经济状况不稳定，经常出现亏损，通过对企业财务状况图和财务报表中一些指标进行分析可知，"互联网 +"对农业企业的绩效的确有影响，而且这个影响是正面的。在合理运用"互联网 +"运营之后，企业净利润收益率和总资产报酬率都提高了很多，企业绩效出现了巨大的提升，有些企业甚至能用起死回生来形容。

11.4　政策建议

11.4.1　政府主导

各级政府要引导、扶持和规范农产品从传统市场销售方式向电子商务方向发展：一要继续加大力度整合现有的信息基础设施资源，建设广区域覆盖的多级农业信息网络；二要继续推行鼓励优惠政策，大力推进建设农产品网上交易市场，不断引导广大农户和龙头农业企业向电子商务方向发展，适当奖励积极开展电子商务的农户和农业企业。同时还要推进本地农业企业的运输业改造，针对有本地特色的农产品积极推行网上交易，逐步实现各品种全覆盖；三要通过制定农业信息化相关法律法规和电子商务政策来保证网络环境的安全；四要打破地区与地区之间、区域与区域之间的分割，加强联系与合作，建立有利于农产品网上交易的市场环境，同时加强电子商务市场监管，使农产品电子商务向有序健康的方向发展。

11.4.2　夯实基础

相关部门要推进农村网站建设和维护工作。建立多级别的电子商务网站以及大型农村信息化综合服务网站，并在各乡镇设立电子商务信息规范化示范点，最大限度帮助当地农户实现农产品的成交，包括但不限于保障农产品供求信息的发布和后续跟踪。

11.4.3　打造品牌

近年来人们崇尚绿色健康的生活，农产品销售正在迎来热潮，但受传统农业思想的影响，我国农产品销售市场信息封闭、资源散乱、农业企业缺乏自主品牌意识，所以加快培养农业企业的品牌营销思维十分重要。强化农户和农业企业的品牌意识，借助品牌经营做出自己的特色，充分整合资源，让有加工能力的农业企业进行深加工、统一包装，使其向"农户＋网店＋公司"的方向发展。

11.4.4　培养人才

要培养掌握商务知识、网络技术和现代农业知识的农村经济经营能手。首先，要对农民进行电子商务和信息技术培训。通过举办电子商务科技宣传与培训会，使农民了解电子商务，掌握如何搜索网络信息、如何进行网上交易并防范风险。其次，要加强对农产品电子商务人才的培养以及加快农民经纪人队伍的建设，提高农村信息人员的素质。加强对各级农业服务人员和信息管理的培训，提高他们组织农业信息体系建设的能力和服务水平，夯实农产品电子商务应用的人才基础。同时，政府部门应当加大培养农民经纪人的力度，大力建设各类农产品经纪人协会，让更多农民经纪人团结起来，提高其受信任程度，从而推进农产品电子商务的发展。

11.4.5　完善农产品物流体系

加强农产品物流体系建设，相关部门应尽快建立范围更大的农产品绿色通道，方便农产品的销售并降低运输成本。另外要扶持农产品流通企业，积极培育物流主体，对在区域外建立绿色食品专营销售的农业企业在政策和资金上重点扶持。还要提倡农民成立销售合作社，使农户更方便地进入农产品交易市场。

11.4.6　加大对"三农"的财政投入

我国各级政府应继续加大对农业企业支出的投入，尤其是要加大对农业综合生产能力建设的支持力度，调整农业企业财政投入的渠道，建立合理、透明的财政支农政策，建立财政对农业投入的长效机制。从生产上、从生活环境上使"三农"问题有一个质的改善。使公共财政覆盖农村、农田水利设施和农村生活用水，增加电力，道路和通信设施进行升级改造，改善农村生产和生活条件。各级政府还应继续完善农业补贴政策，扩大对农业的补贴范围，逐步提高补贴标准。这样才能更好地促进我国农业企业的成长。

11.5 本章小结

"互联网＋"有利于促进农业企业形成独有的、创新的商业模式，在"互联网＋"的带动下，农业企业正向着规模化、优质化、透明化的方向发展，"互联网＋"已成为传统农业企业电商发展的必然趋势，"互联网＋"在企业推广销售产品、推广企业文化等方面有着非常便捷而又出色的效果。从财务报表上的指标来看，理论上说，通过"互联网＋"运营可以开辟农业企业多种销售渠道、提高利润、降低销售成本，从而提高企业净利润收益率和总资产报酬率。所以为了我国农业企业更好地发展，推动"互联网＋"农业企业的运作方式是非常有必要的。

第 12 章

关于提升绩效管理的对策和建议

本章在探究企业社会责任、员工工作满意度、胜任力内涵、融资问题、"互联网＋"等内外部环境的约束对于企业绩效影响的基础上，围绕明确绩效管理的价值目标、提升绩效管理主题的协同作用、优化绩效管理过程、健全绩效管理结果与反馈体系等方面提出提升企业绩效管理的对策和建议。

12.1 明确绩效管理的价值目标

随着时代的不断进步，社会经济在不断提升发展，城市化工业化进程的不断加快，科学信息技术也有了前所未有的发展。不断发展的变化的市场经济形式也为企业带来了更多的挑战。然而，随着整个社会的生产结构和劳动结构发生的深刻变化，企业的生产经营方式和价值理念也随之改变，传统的企业管理模式将不再适宜为处在当今时代背景下的企业提供充足的动力。因此，企业作为市场经济的主体，要想在时代的浪潮中持续、稳定、健康地发展，重视并提高企业的绩效管理格外重要。而业绩管理目标作为管理的出发点，企业在业绩管理过程中如何将企业的业绩管理目标层层下传至基层工作人员，使公司上下全体员工充分理解企业目标并形成强大的凝聚力还有待进一步的探索和进步。结合前面的政策文本与政策效应的实证研究，笔者认为，在业绩管理过程中，管理层的作用、目标分配科学性以及目标实施的保障方面必须在一定程度上做到全面的提升和改善，使业绩管理更好地服务于企业的发展。

12.1.1　充分发挥管理层领导作用

在经济学领域，管理层，顾名思义，也就是指公司、企业或组织机构内部处于管理地位、负有管理责任的团体和人员，是在企业为实现总体经营目标的过程中形成和发展起来的。在企业经营和发展的过程中，管理者都是赋予企业生命、为其注入活力的重要因素。在绩效管理中，管理层的作用更显突出，一直以来，绩效管理固然一直被各个公司企业所广泛采用，虽起到一定效果，但由于存在管理层对其认知不足、缺乏长远眼光等问题的限制，其无法真正地充分发挥作用。因此，如何充分发挥管理层的作用是业绩管理过程中需要考虑的一类问题，其中主要包括进一步提高绩效管理人员的综合能力、提升绩效管理人员的责任感，发挥管理层的领导作用，这些都对提升绩效管理的效率有很大的益处。对此，必须围绕企业发展的目标，充分发挥管理的领导作用，进一步优化企业绩效管理。

其一，是对绩效管理人员综合能力的提升。管理人员作为绩效管理顺利实施和执行的重要保障，其综合能力的水平情况会对绩效管理的效率和质量产生直接的影响。一方面，从企业内部来看，由于时代的进一步发展会对管理人员提出更高、更新的要求，绩效管理的工作人员需要全方位、多角度地对问题进行深层次思考，结合外部市场经济的运行规律以及企业自身发展状况，提出适合于企业自身绩效管理的方案，提升企业绩效管理效率；另一方面，企业需要对人才招聘的渠道做进一步的拓展，在提升企业内部管理人员能力的同时，积极引入高能力、高素质的综合人才，丰富企业绩效管理队伍，充分发挥管理层的能力和经验，提高企业绩效管理的水平。

其二，企业要重视绩效管理人员责任问题，利用责任管理制度来加强管理人员的责任意识。绩效管理并不是企业的一项交易，有效的绩效管理重视激发和增强员工的责任感，它会对使命和愿景进行充分利用，将职位设计、用人手段、人才培养等融入绩效管理过程中，这种有效的绩效管理所涉及的责任不仅仅在于下属员工方面，更在于管理层方面，因此，企业需要实行责任管理制度，将工作责任落实到具体的人身上，强化绩效管理主体的责任，细化工作任务，提高工作的针对性，统筹规范，分级管理，提升绩效管理工作的效率。

12.1.2　重视管理目标分配科学性

充分发挥管理层领导作用可以提升企业绩效管理的效率，但仅是效率的提高还不足以使绩效管理的价值目标得以明确，单纯的提效却不注重质量问题只会让企业绩效管理在管理过程、处理问题时四处碰壁，因此，在绩效管理过程中要重视管理目标在分配过程中的科学性、合理性，而不是盲目分配。科学地对企业绩效管理目标进行层层分配，有利于帮助企业员工更好地理解和认可企业的绩效管理目标，保持企业目标和员工目标的一致性，更容易调动员工的工作积极性。因此，要想企业在绩效管理过程中使目标得到合理分配，需要从以下几方面作出努力：首先，企业要科学设置绩效目标，市场经济和信息技术都是在不断发展的，企业在设立绩效目标的过程中要结合自身实际状况以及时代发展的趋势，将眼光放长远，明确当期发展目标；其次，将目标设置完成之后，要将目标层层传达至下级部门以及员工，此时，管理者便要发挥自身的组织宣传作用，举办相关宣讲、学习活动，从管理者到部门、从部门再到员工，逐层细化，使目标更加明确，只有当各级组织对企业的总体目标有了充分了解，才能实现整体目标的一致性，如此一来，企业上下同心协力，有助于加速企业目标的实现；最后，目标的设立也要保持一定的时效性，每一周期的目标实现后，都需要对目标管理过程中存在的问题作出分析和总结，并根据发展要求和市场状况设立更新一级的目标，只有如此，才能使目标分配的科学性得到保证。

12.1.3　强化绩效目标实施的保障

充分发挥管理层的作用能够使企业绩效管理的效率得到进一步的提升，而目标分配的科学性在一定程度上提升了管理目标成功实现的概率，但是，除此之外必须意识到，任何事物的发展都离不开环境对其的影响，绩效管理自然也是如此，如果企业的绩效管理缺乏良好的实施环境，无论方案制定得如何完美，均无法有效落地，那么，绩效管理对企业发展的正向引导作用也并不会达到预期要求，令人难以满意，因此，营造良好的绩效管理实施环境对企业的发展至关重要。对此，学者认为，要想强化绩效目标实施的保障，需要从文化氛围和组织结构两方面入手进行规范调整。

首先，企业文化作为企业发展的精神动力，是企业在发展经营中形成的符合本企业特点的价值观念、思维方式和行为规范，企业文化的渲染会在企业发展和员工工作过程中形成一种无形的向心推力，这种推力使得公司上下凝聚力加强，共同为企业壮大提供助力，因此，加大企业文化建设力度对企业目标的实现至关重要。在绩效管理方面，如果企业想让绩效管理能够长期持续有效，那么，企业管理层就需要及时更新管理理念，营造一种良好的绩效文化氛围。一方面，公司要以企业本身的文化作为导向，将绩效管理的意义融入日常文化中，与员工的日常工作相结合，在公司内部可以通过组织会议、宣传活动等形式宣传绩效管理在企业发展经营中的作用，通过宣传，让企业的广大员工们认识到绩效管理的深层次内涵，即绩效管理并不是一种上级对下级的监控举措，而是促进企业和员工个人发展的动力，每个人都处于绩效考核的过程之中，受绩效考核评价的督促，并且它可以用来调整员工的工作方式，提升员工工作效率，是企业发展的帮手；另一方面，对于企业的决策者和管理层而言，可以通过增加绩效管理文化培训的方式，使员工真正地学绩效、懂绩效，一个良好的绩效文化氛围也可以将员工从呆板的绩效考核中剥离出来，使其主动参与到绩效管理过程中去。

其次，需要建立与之匹配的制度体系来作为框架保障，上至领导，下至基层员工，都应该高度重视此项工作，同时，公司管理也要对此给予高度的支持，建立绩效管理相关制度，制定相关文件等。只有健全管理制度，才能确保步骤有章可循、有据可依，同时，使企业全员参与到制度的制定、实施、监督、完善的各环节中来，只有这样，才能实现企业人力资源的最优配置、促进企业更进一步的发展。

12.2　提升绩效管理主体协同作用

将大量的精力投放于绩效考核与打分往往会导致绩效管理的失败，而有效的绩效按惯例往往会更强调团队的聚集和协同作用，基于企业竞争力以及员工能力的持续提升，发挥团队的聚合效应，以整体目标为导向，加强团队协同，增强员工对企业的认同感和归属感，充分发挥员工工作的积极性，使其积极进取，以较高的工作效率完成工作任务，并且进一步激发其在工作过程中的创新性，为企业带来更多的经济效应；同时，协同作用的加强也会提高员工对企业的满意度，从而激励员工更加努力地工作，创造更大的价值来回报企业。对此，学者在提升绩效管理主体协同作用上将围绕着加强绩效管理过程中的沟通交流、构建绩效管理激励机制、深化员工对绩效管理认识等几方面展开论述。

12.2.1　加强绩效管理过程中的沟通交流

绝大多数企业在日常经营管理的过程中都是按照上下级相关的文件规定来执行，而这种传统老旧的方式已经与现代化企业的发展管理过程的特征不相匹配，不但会造成与企业原有的发展规划相脱节，也无法调动其员工的积极性，企业高层管理者忽视自身的客观条件、管理条件以及经营条件，仅通过政策的下达或文件的发布来将绩效管理作为一种控制和监督员工措施手段，在这种情况下，企业内部员工对绩效和管理的认识也产生了消极抵抗的心理，降低了员工工作质量，也不利于企业内部的发展。因此，学者认为，企业在进行绩效管理的过程中要做到在目标、考核等方面做充分交流。

在目标沟通上，企业在开展绩效管理之前，管理人员要在员工对绩效管理的认知方面作出纠正，管理者需要与各部门负责人充分沟通。根据企业的发展情况，结合企业未来的发展目标，制定具有挑战性和激励性的绩效目标，然后将目标分解到各部门。与此同时，需要企业自上而下地进行部门之间沟通，由中层干部与员工进行具体沟通，使员工能够理解和知悉内部绩效管理体系和模式，此外，在利用讨论会等模式加深沟通与交流的同时，深化员工对目标管理的理解。

在绩效考核沟通方面，绩效管理的考核人员需要将明确的目标、任务、方式直接传递给员工，让员工清楚地知道自己接下来需要做什么、怎样才能做好、做好之后有什么奖励、如果表现不好应该如何改进；与此同时，管理者还要根据不同的岗位职责以及工作任务，制定出具有针对性的绩效管理标准，保障每一个岗位工作人员的收益与之所付出的劳动可以匹配，这样一来，不仅有助于提升员工对考核人员以及考核结果的信任度和认可度，而且还可以有针对性地帮助员工解决在工作中出现的一系列问题。除了上下级的沟通和交流，企业还要增加各部门之间的定期会议，让部门负责人直接面对面，交换各部门的信息，以加强各部门的协调和合作。同时，通过鼓励同级员工之间多沟通、多交流，有助于提升员工工作能力、增强员工归属感、减少产生误会的概率。

12.2.2　构建健全绩效管理激励机制

企业在发展过程中，只惩罚不奖励或者奖励力度低是难以激发员工积极性的，因此，企业在绩效管理实施的过程中要充分考虑到各部门和各岗位的职责，从而建立适宜的激励机制，为激励机制的设定提供指导。需要注意的是，绩效管理的激励机制要更加注重内在的激励作用，而非单纯的物质奖罚，物质的奖罚虽然在短时间内可以影响和改变一个人的行为，但从长远来看，并不能持续推动员工工作满意度的提升。以双因素理论来分析，简单的物质奖励的作用只是减少了员工的不满意因素，但很难使其持续满意。根据马斯洛需求层次理论可以知道，成就动机、成长与自我实现是人的内在动机需，有效的目标管理与员工责任感使命感相链接，不断激发其在目标实现过程中的成就感、价值感与自我实现。通过一系列有效的激励措施可以充分激发员工的积极性以及创造性，而员工个人的发展与企业的发展是相互作用的，强化绩效激励机制，在激励员工的同时也在强化企业的市场竞争力。具体而言，完善的激励机制要从以下几方面入手。

一是对企业基层员工方面的激励措施。基层员工作为企业政策目标完成的主要主体，企业在发展过程中要对与其相关的激励措施加以关注，以便更大幅度提升业绩目标实现的效率。一方面，对于基层职工而言，薪酬激励是最主要也是最有效的方式。这便要求企业管理者要保证薪酬激励具有公平性，将薪酬水平与员工工作能力挂钩，使员工的劳动能力有一个具体标准，员工的工作积极性也更容易通过此种标准得到激发。另一方面是晋升激励，在企业当中，基层员工占绝大多数，其中不乏优秀者，因此，必须要为员工提供晋升的渠道，让员工通过个人努力可以达到更高层次，同时，企业要根据工作性质为员工建立不同的上升渠道，让员工在工作中可以获得更大的成就感与满足感。

二是对部门负责人的激励。企业部门负责人主要负责的是基层工作团队的管理，部门负责人作为政策的传达者和政策实施过程中的监督者，其不仅可以协调团队内部关系，而且还可以通过与其他部门对接的方式，确保整个团队高效运转。因此，对于部门负责人的绩效激励应当以整体激励为主，即绩效考核指标应重点关注团队整体目标，以整体目标的实现与否来对其施以相关的奖罚措施。此外，还需要加强绩效激励，在绩效考核方面，应允许绩效考核结果超过所规定的上限，例如在百分制的绩效考核过程中，应允许绩效考核超过 100 分的上限，对超额完成相关工作的部门要给予表彰和奖励，对其中表现优异的团队及负责人也要有相应的奖励措施，并且这也可以作为部门负责人绩效激励的评判指标之一。

三是企业管理者作为企业的决策者对企业发展方向以及发展目标相关政策的制定有很大的权力，对企业的发展有很大影响，与其相关的激励措施不容忽视。然而,在长期的工作过程中,企业管理者的物质需求已经基本得到了满足,因此,简单的物质奖励或地位的提升并不能满足其所期望的激励效果,其往往希望创造更大的社会价值,因此,关于企业管理者的绩效激励应该以精神激励为主、物质激励为辅,企业要注重对管理者精神层面的肯定和认同,对管理者自身的价值进行肯定,并为其提供创造更大价值的平台和机会。

12. 2. 3　深化员工对绩效管理的认识

在我国,大多数企业通过实行绩效管理来推动企业得到进一步的发展,但在绩效管理过程中,许多经营者和管理者关于绩效管理都存在着各种各样的误区,比如,绩效管理的过程侧重于考核而并非管理等,因此,绩效管理难以发挥其原有效用。而要解决该方面的问题需要企业深化员工对绩效管理的认识。对此,学者认为可以围绕以下几方面对绩效管理的认识作出进一步深化。

第一,提升管理者对绩效管理的正确认知,深化对绩效管理认识的前提必然要对绩效管理有正确认知。在对绩效管理目标作出科学分配后,企业要从上到下、分层分级地对管理者进行绩效管理宣导,让管理者明白绩效考核并不等同于绩效管理,并且管理者要意识到绩效考核不是独立存在的,绩效考核从不会单独发挥作用,只有当做好了前期规划、制定了绩效目标,并做好了过程的沟通和辅导,绩效考核的结果才会公平真实、才会被员工认可、才能帮助员工改善绩效。同时,对各级管理者及员工进行绩效管理培训,帮助管理者掌握绩效管理的流程、方法、工具、技巧,使之能有效地应用于管理中。

第二,在管理者对绩效管理有了正确认识的基础上,将企业绩效管理的目标内涵传递给企业员工。为了加快企业员工对绩效管理的认同速度,企业可以对员工进行培训,让员工真正了解绩效管理的目的及给他们带来的实实在在的好处。对企业员工的培训可以将培训重点放在绩效管理的整个流程上,包括绩效考核,使员工对绩效管理有更深层次的认识,从心底认同绩效考核。由此一来，才能从最大程度上加深企业全体上下对绩效管理过程及其目标的认识，为之后的绩效管理目标实现过程做好保障。

12.3　优化绩效管理过程

绩效管理过程主要包括了绩效计划制定、绩效辅导沟通、绩效考核评价、绩效结果应用、绩效目标提升等几方面，本章节前面那部分主要从计划和沟通两方面提出了建议和改善措施，本部分将着重于针对整个管理流程提出相应的建议。众所周知，绩效管理是一个完整的管理体系，有完整的管理流程和步骤，随着时代的发展和企业管理的要求，有的企业虽然引进了一些科学的绩效管理方法，但其实际上真正发挥的作用很有限，这导致在大多数情况下，绩效管理只是人力资源部门的事情，因此，需要对绩效管理的过程作出整体的优化，使绩效管理融入企业的各个部门，发挥绩效管理的最大效用。本部分将围绕完善绩效管理制度工作的开展、借助互联网提升管理效率、及时对考核指标进行改善等三方提出改进措施及建议。

12.3.1　完善绩效管理制度工作的开展

在绩效管理的过程当中，部分企业对绩效管理制度的制定只是简单地对其他具有代表性企业的规定进行照搬，并没有针对企业自身运营实际情况和发展特点制定合理的绩效管理制度，导致绩效管理的作用无法得到充分地发挥。因而，企业在绩效管理的过程中充分结合自身情况来考虑制度的制定和实施，有利于保证绩效管理工作的效果，可以有效提升企业业绩水平，促使企业作出进一步的发展。

首先，绩效管理制度的管理层需要深入了解和研究本企业发展情况，详细分析企业现阶段绩效管理的相关政策和措施，并找出其中存在的问题，在制定绩效管理制度的过程中对发现的问题及时采取措施进行改进，保证绩效管理制度的科学性；与此同时，企业相关人员在学习具有代表性的企业绩效管理制度的过程中要结合企业的实际情况进行创新和改良，而并非简单地搬运，以保证本企业绩效管理制度与本企业发展状况的匹配性和独特性。

其次，保障绩效管理制度的有效落实。现阶段，在实施绩效管理制度的过程中，一些工作人员不能严格按照要求开展工作，导致绩效管理工作不能得到有序开展，使绩效管理工作并没有按照预期那样发挥真正的作用和效果。因此，企业要对绩效管理制度的实施过程进行实时的监督和管理，保证绩效管理工作的有效开展。具体而言，在绩效管理实施过程中，要将责任落实到每个人身上，这样不仅有利于提升管理工作的效率，而且也会增强员工的责任感，也有助于后续激励制度的实施。另外，还可以根据实际情况制定相应的监督制度，组建相应的监督部门，在绩效管理工作过程中进行实时的监督，保证绩效管理工作的正常开展。

12.3.2 借助互联网提升管理效率

随着互联网时代的到来，信息技术及互联网技术给企业发展带来了一定的挑战，同时也带来了发展契机。面对日益激烈的市场竞争，企业要认识到信息技术的价值，积极借助互联网相关技术创新，提升绩效管理水平，最大化地发挥绩效管理对企业发展的促进作用。但由于受各种因素的影响，部分企业的绩效管理存在一定的滞后性，无法充分利用互联网来提升企业绩效管理的效率。而企业借助互联网技术不但可以高效开展绩效管理工作，提升绩效管理水平，为企业实现稳定可持续发展提供保障，而且，企业可以通过把数字化管理引进到绩效管理中，对员工的工作进行更准确和高效的管理，进一步激发其工作的主动性，使企业绩效管理更具科学性、合理性。对此，企业可以从以下几方面入手，加大对互联网技术的利用率，以期达到提升业绩管理效率的目标。

第一，企业要想从根本上提升绩效管理效果，就要使互联网技术在人力资源管理中得到更深的应用。首先，企业管理人员应该提高对互联网技术应用技术的重视程度，确保绩效管理的工作能使互联网技术得到充分应用；其次，企业还要深入学习、借鉴其他企业成功的互联网应用经验，结合企业自身实际情况提升绩效管理质量。

第二，企业管理人员要在互联网技术的帮助下针对绩效考核内容制定科学的绩效考核指标并使其得到其有效落地。管理人员要在考核指标合理的前提下，利用相应的信息技术对编制的考核指标进行筛选，选择更加符合企业需求的考核指标。

第三，企业绩效管理要深化对大数据系统的运用，善于利用各种企业管理系统，如 ERP、CRM、HRNI 等，便于管理者集中采集数据、统计数据、分析数据，提高信息处理效率。根据大数据平台提供的直观数据掌握企业整体的运营状态以及下属员工的工作情况，保证各个流程环节的正常运行，避免各环节之间出现信息延误或沟通误差。

12.3.3　保证绩效考核指标的科学性

作为企业绩效管理中十分重要的环节，企业需要通过绩效评价指标的科学制定来实现绩效评价。当前，一些企业在制定绩效考核指标时并未使绩效管理发挥其自身的重要作用，比如，相关人员在绩效考核指标的制定中未能考虑企业总体计划以及本企业的业务特点，使得绩效指标的实效性不足；绩效指标的制定缺乏差异性；部分企业采集的数据缺乏代表性、可比性，给后续指标制定工作带来消极影响；部分企业的绩效考核指标没有随着企业发展变化实现指标的动态优化调整等都是使考核指标不够科学的重要原因。而要想规避上述可能导致考核指标缺乏合理性的因素，企业管理者可以从以下几方面着手改善。

首先，绩效指标制定时要充分考虑本企业的发展需求，深入分析和了解岗位的特性，并对企业内部各项业务进行更加精细的划分，确保绩效考核指标适用于企业内部所有部门及岗位人员。

其次，数据的采集作为管理者制定目标的前提，应尽量保证数据采集的客观性、可比性，为后期考核指标的制定提供客观、公正的数据基础。

最后，要注意绩效考核指标的时效性。企业外部的经济市场瞬息万变，企业需要随时根据外部市场、政策等对自身的管理作出调整，绩效管理作为企业发展过程中不可或缺的一环，其考核指标也不应是一成不变的，这就要求企业在相关业务发生变化时，应对指标进行及时的动态调整，以保障相关指标能够适应企业任何一阶段的发展需求。

12.4　健全绩效管理沟通与反馈体系

在绩效管理的过程中，健全完善的沟通和反馈机制是确保绩效管理质量的重要手段。健全完善的绩效沟通和反馈体系不仅能有效地检查员工目前的工作状态及成效，还能让员工提出自身对目前绩效管理方案的建议，提升其在企业绩效管理过程中的参与感，同时也有助于加深其对绩效管理的认识。更重要的是，沟通与反馈可以防止实际工作偏离既定的管理目标，适时修正绩效管理计划。高效的沟通和反馈机制是上下级之间交流的主要途径，但是在实际的工作过程中，大部分的企业对绩效管理沟通和反馈机制的重视程度并不够。导致员工只能看到绩效考核的结果，并不知道工作中存在的问题和漏洞，降低了员工工作的积极性，员工自身能力难以得到有效的提升，绩效管理的工作效率难以得到提升，进而导致企业绩效管理的目标无法完全实现。对此，本节将从健全绩效考核反馈体系、有效利用绩效反馈结果等几方面提出相关的健全措施。

12.4.1　健全绩效考核的反馈体系

完善的绩效考核反馈机制不仅为员工提供专门沟通交流的渠道，而且通过绩效考核的反馈机制，一方面，对员工而言，其能够保障员工的合法利益不受损害；另一方面，对企业来讲，也能够有效地遏制企业的不良风气，为企业塑造良好的品牌形象。因此，企业需要保证绩效考核的健全性，提高绩效考核的权威性，发挥绩效考核的真正效用，对此，企业在进行绩效考核的过程中要考虑以下几点。

首先，对员工的绩效考核过程往往因为考核内容复杂多变等问题而难以实现完全的透明和公开，此时，就有必要提升员工对绩效考核工作的满意度。因此，处于绩效考核管理位置上的工作人员需要做到以下几个方面：一是考核人员必须熟悉绩效考核工作流程，并充分了解被考核员工的工作岗位性质以及责任，以实际工作岗位性质作为绩效考核的标准；二是管理人员需要切实了解所考核岗位的员工能力、人品以及素质，让考核人员掌握被考核人员的基本信息与特征；三是绩效考核管理人员需要具有较高的被信服度，这便要求绩效考核的管理人员需要由内部投票选举或直接从外部聘请而产生，保证其与被考核人没有利益纠葛，只有在此前提下才能充分保障考核的公正性、客观性。

其次，要求考核人员完全做到零差错是难以实现的，因此，针对这种情况，就需要企业结合实际状况建立一个完善的员工反馈体系。这种反馈体系要能够做到既可以逐层向上反馈，也可以通过匿名方式直接向企业管理层进行反馈。通过这种方法能够充分保障员工的合法利益受到保护，同时，还可以帮助企业塑造自身的良好形象，从根本上保障企业自身的正常秩序，充分解决员工在绩效考核上所遇到的与客观公正相关的问题。

12.4.2　有效利用绩效考核结果

随着绩效管理在企业发展过程中的充分应用，企业应该认识到在企业管理中强化绩效管理的作用的重要性，这就需要绩效考核管理团队应对绩效考核结果进行及时、有效的反馈，充分利用绩效考核的结果，促使员工自身的工作潜能得到进一步激发，为企业创造更多的经济收益与社会效能，促进企业与员工共同发展。由此来看，绩效管理的真正功能是其对员工的指引作用和激励作用，企业要充分认识到该功能的意义，强化企业管理，全面提升绩效管理能力。对此，为保障绩效结果有效发挥作用，可以从以下几个角度着手提升。

首先，通过完善监管、罚劣举措，约束个人行为，有效落实绩效考核的指导作用。根据考核结果帮助员工改进工作中存在的问题，从而提升企业经营管理效率。然后，企业需要转变绩效管理模式，摒弃传统的以薪酬绩效考核为导向的绩效管理体系，实施双向反馈的绩效管理机制，通过绩效考核结果指导企业各项管理工作。另外，企业需要完善员工薪酬激励与约束机制，优化内部薪酬分配结构，减少平均主义，保障底层员工切身权益，规范奖金、福利支出，激发员工工作积极性，使其为企业创造更大经济价值。

其次，通过公司的绩效管理体系的评价结果，集团公司要将绩效考核结果与组织的工资总额、员工的绩效奖金等物质利益进行挂钩，并明确其对员工培训和升迁等方面产生的影响。由此一来，奖惩并不是绩效考核的主要目的，而只是一种有助于绩效管理更好地发挥作用的辅助手段或工具。

第 13 章

研究结论与展望

13.1　研究结论

进入 21 世纪，经济全球化、大数据、云计算等信息时代的来临，一方面让信息流通更加便捷，另一方面也加剧了国内外市场竞争。企业需要面对的问题逐步显现为如何让企业自身在激烈的市场竞争中生存下去，并能够占据一定的市场份额，这就凸显了人力资源对企业发展的重要性。因此，企业要想生存发展下去就离不开人力资源管理，做好相关的人力资源管理工作可帮助组织提升绩效进而增强自身竞争力。基于这样的背景，绩效管理的概念于 20 世纪 70 年代后期被国外学者提出，并在 90 年代传入我国。

同时，随着近代管理学理论的发展以及社会竞争的加剧，以及中国经济体制改革的不断深化、企业自身的专业化和多元化的高度发展，在日益激烈的市场竞争中，企业逐步面临更多的机遇和挑战，绩效管理作为现代企业资源管理过程中最重的一环，是目前在企业中探讨颇多的一个管理词汇，也是企业人力资源管程中的一项核心职能。绩效管理如果能在企业日常经营管理中得到高效的应用，不仅能够帮助企业维持原本的竞争优势，也能够激励企业强化战略管理能力、提升综合竞争实力，同时，企业要想不断地提升自身的经济效益和社会效益，就需要将绩效管理与企业的管理体系制度尽可能地融合在一起，在提升工作效率的同时，强化内部员工之间的竞争能力与创新能力，发现公司员工潜在的工作能力，促使员工以更好的心态面对工作。

基于这样的时代背景，企业制定行之有效的绩效管理制度对提升企业在市场经济中的整体竞争力，促进企业高效、快速发展具有重要意义。本书基于内外部环境的约束研究了对企业经营和绩效产生影响的相关因素并提出相应的建议措施。主要分别从企业社会责任对企业绩效的影响、员工工作满意度对企业绩效的影响、胜任力内涵对企业绩效的影响、企业经营业绩对外部融资的影响、融资约束对企业绩效的影响、"互联网＋"对企业绩效的影响等方面进行了研究，并得出如下结论。

13.1.1　企业社会责任对企业绩效的影响

企业的社会责任不仅仅是指企业承担公益事业和社会捐赠，企业履行社会责任，既不是说要企业不重视自己的经济效益，也不是主张新的"企业办社会"。对此，世界银行把企业的社会责任定义为企业与重要利益相关者的关系、价值观、遵纪守法以及尊重人、社区和环境有关的政策和实践的集合，它是企业为了改善利益相关者的生活质量从而贡献于可持续发展的一种承诺。国际上人们普遍认同的企业社会责任理念是企业在创造利润、对股东利益负责的同时，还要承担对员工、社会和环境的社会责任，包括遵守商业道德、职业健康、生产安全、保护劳动者的合法权益、节约资源等。而根据我国社会制度和经济发展情况而言，中国的企业社会责任应该是符合我国国情的社会责任，是企业在社会主义市场经济体制下为促进可持续发展和社会和谐而承担的一系列责任。

通过来自在沪深两市挂牌、以人民币交易的公司的财务数据分析可以得出：

（1）企业对股东和政府承担的社会责任与企业绩效呈现正相关关系。

出现该结论的原因，一方面是我国企业普遍以资本逻辑制度占主导地位所导致；另一方面，企业积极履行对政府的责任，会增强政府对企业的信任度和好感度，有利于得到政府的支持，因此，企业对政府承担的社会责任也与企业绩效正相关。

（2）企业对员工和社会承担责任与企业绩效是负相关关系，这与人们的普遍期待似乎不相符。这是因为企业履行对员工的社会责任很大概率上意味着更高的报酬与福利、更舒适愉悦的工作环境与氛围，这对企业来说必然带来更高的成本支出；而捐赠等公益支出从长远来看可能会为企业带来更好的声誉，从而有利于提高企业未来的绩效，但会对企业的短期绩效产生负面影响。

（3）企业对供应商、消费者以及债权人等利益相关者履行社会责任与企业绩效的相关性不显著。得出该结论的原因是，目前我国上市企业对供应商的议价能力相对较强，供应商缺乏足够的实力去制约企业，从而导致企业履行社会责任的动力不足。对消费者履行社会责任与企业绩效无显著相关性进一步解释了为什么一些企业敢对消费者作出欺瞒行为，甚至于偷工减料威胁消费者的生命安全及健康。那么，在当前我国整个诚信体系还不完善的环境下，对债权人履行社会责任与企业绩效之间相关性不显著也是必然的结果了。

13.1.2 员工工作满意度对企业绩效的影响

员工满意程度字是员工自身的一种心理状态，是实际与期望效果之间差别的体现。而工作绩效则是站在雇主的角度所作出的定义，它是指雇主对员工能够实现既定目标寄托的期望，是一种具体描述。

根据对 A 公司的调查问卷的研究可以得出激励因素对工作绩效有不同程度影响的结论：

首先，"年龄"和"性别"对激励满意度有影响，且激励因素满意度对公司不同年龄段员工的激励作用不尽相同，这是随着时代的发展，房贷、车贷等生活压力给不同年龄段的人所带来的压力程度不同而导致的。

其次，在"养家糊口"等传统观念的影响下，社会对于男性员工赋予的责任更加重大。所以，性别差异导致的不同也会对激励满意度造成不同影响。"薪酬福利""工作本身"对任务绩效有正向影响。对于国有垄断企业来讲，薪酬的浮动必定会带来工作绩效的变动。

最后，在满足了生活需要之后，现代员工也开始关注"工作本身"带来的满意度，工作本身的丰富性、成就感等一定程度上影响着完成工作的时间、质量等，这是现代员工与传统员工有所区别的地方。"薪酬福利""学习发展""工作本身"对关系绩效都具有正向影响。

13.1.3　胜任力内涵对企业绩效的影响

胜任力是指能将某一工作中有卓越成就者与普通者区分开来的个人的深层次特征。胜任力可以是任何可以被测量、被计数的个体特征，这种个体特征需要能够区分优秀者与普通者，它可以是个人形象、工作态度、工作创新方法、对专业领域知识技能的精通等。

随着对胜任力研究的深入发展，许多学者赋予胜任力更为广泛的内涵，将胜任力划分为三个维度：职业、行为以及战略综合。其中，职业维度代表着一个人的日常业务技能以及处理自身工作的能力和水平。行为维度是抽象的维度，是指在处理任意事务时所表现出的特征。战略综合维度是指在某种特定的情况下组织能力的发挥。从胜任力特征方面来看，胜任力主要包括三个特点：一是与工作绩效密切相关，胜任力可以用于预测个人绩效；二是与个人任务情况相互关联，与个人完成任务的情况密切相关；三是这个能力应该是可区分的，胜任力是可以用以区分员工表现好坏的。在研究过程中，有学者发现，通过整合员工的个人资源和单位的战略目标，可以提升绩效的核心竞争力。

在对传统的人力资源管理存在的三个方面明显缺陷作出分析后，即无法满足岗位动态变化的要求、无法适应岗位新要求、影响任职者潜能的发挥，可以由此为对比得出实施胜任力模型的意义所在：

（1）有助于更好贯彻落实组织战略。以胜任力为核心的能力发展体系明确了对组织发展起到重要作用的胜任力有哪些，并将它们分解为具体的、可以培养的行为特征。通过核心能力的构建，胜任力体系能够帮助组织形成核心竞争力，进而推进组织的战略落地，成为组织变革的有效推进器。

（2）有助于组织实现人岗匹配。研究表明，组织内员工在适合其专长、性格、个性特点、兴趣等的岗位能够产生更高的生产效率。

（3）有助于增强组织领导班子建设。胜任力模型库的重要作用是它所包含的能力涵盖了组织各职位的出色绩效的所有特点及行为，其中，专门针对领导者岗位设计的素质集合就形成领导力模型。通过领导力模型，组织可以选拔出适合组织的管理者，并进而对其开展有针对性的培训，从而能够使其提高管理能力，同时可以帮助组织打造一支具备潜力的后备干部队伍，进而为组织的发展提供储备人才。

（4）有助于实现组织与员工的双赢。当前，组织的成功更加依赖于其员工（尤其是核心员工）的技术和能力表现。基于胜任力的现代组织人力资源管理体系能够帮助组织选拔、培养、激励那些能为组织核心竞争优势构建作出贡献的员工。

总之，组织人力资源管理向以胜任力为平台的体系转变，员工的胜任力日益成为组织核心竞争力的关键，成为组织不可模仿核心竞争力的重要来源。这种转变提升了人力资源管理的战略地位，帮助组织在更为激烈的竞争环境中生存与发展。

13.1.4　企业经营业绩对外部融资的影响

就企业融资来讲，融资结构是指企业在筹集资金时通过不同渠道获得的资金之间的构成和比例关系。融资渠道主要包括内源融资和外源融资两个方面，企业一般遵循内源融资、债务融资、股权融资这样的融资顺序。当企业采取不同的融资渠道，所面临的财务风险也不一样，一般来说，外源融资的风险比内源融资的风险要大。在企业经营业绩方面，企业可以选择资产收益率、净资产收益率、投资回报率、每股收益、销售报酬率等作为绩效评价指标。

通过对 TCL 公司 2015～2017 年的相关数据进行研究可以得出以下结论。

（1）企业选择最佳的融资结构时考虑的因素有：第一，进行债权融资带来的利息支出制约了企业内部的不合理支出与浪费，起到节流的作用；同时，债权人对于企业起到了监督作用，对于管理层亦带来约束与压力；且选择债权融资而减少发行股票，并没有分散公司的控制权。第二，进行股权融资会使得公司的股权分散成各个小部分，小股东不具备影响力，对于公司的治理的集中度不够，且对于管理层的约束力度不大，经营者会有侥幸心理，得过且过。如果小股东对于人事的任命没有话语权，那么就不能给管理层造成压力，削弱了其经营管理的动力，对公司的绩效是一种隐患。第三，过于依赖银行借款这一融资方式，当银行不给企业批贷时，会造成企业资金链断裂，严重影响企业的正常运转，使其难以经营下去，严重的甚至会造成企业破产。

（2）在改善融资结构缺陷的建议方面：第一，尽可能保持企业的控制权。多利用债券融资虽然会增加企业的债务，但并不影响原有股东对企业的控制权。第二，寻求最佳资本结构。为了降低融资风险，企业通常可以采取多种融资方式的合理组合，这就要求在制定资本结构的方案时分别计算各融资方案的加权平均资本成本比，然后选择最低的融资方案。第三，寻求一个融资组合，采取多种融资渠道相结合的方式，避免单一的融资渠道，减少经营风险。

除此之外，在进行实证研究的基础上通过研究前人的发现和相关资料可以了解到经营业绩对外部融资的影响主要体现在两个方面：第一，是通过影响企业的外部融资成本而产生作用；第二，是先直接影响内部融资，再间接地对外部融资以及整体的融资结构产生影响。内部融资与企业绩效最为一致：当绩效上升时，内部融资的比重也随之增大，而当它下降时，内部融资就随之减少。主流的学说和观点认为企业应该优先进行内部融资，应尽量减少借款融资和股权融资，减少不必要的费用和手续，在最少的融资成本和最短的时间内得到融资，而这样做的前提是经营成果的良好使得企业有充足的内部资金储备。另外，要加强对企业的绩效分析，得出企业的经营成果，对经营成果进行分析并据此对症下药，改善项目经营。这样才能更好地实现企业价值，或是股东的利益最大化，而这正是优化融资结构和改良公司治理的最终目的。

13.1.5　融资约束对企业绩效的影响

企业融资约束是由信息不对称问题和代理问题的存在使得外部资本的成本高于内部资本的成本而产生的问题。一是信息不对称问题，在市场经济活动中，各类人员对相关信息的了解是有差异的，从事交易活动的交易双方对象之间的差异以及对环境状态的认识差异使得交易的一方拥有的相关信息比另一方拥有的多，从而对信息劣势者造成决策影响。二是代理人问题，即代理人拥有的信息比委托人拥有的信息多，这种信息不对称会逆向影响委托者有效地监控代理人是否适当地为委托人的利益服务。

普通企业的融资限制对企业绩效产生了负面影响，且其影响程度十分剧烈。相比之下，专注于特定领域的创新企业的融资限制对企业绩效的影响较小。专精特新企业在行业细分中的企业竞争力主要依赖于创新技术和产品的竞争力，然而，资本市场的信息不对称，大多数企业需要长时间进行创新投入，这种信息不对称会导致投资者的主观性降低，从而增加企业的融资成本。专精特新企业的创新模式在融资约束与企业绩效之间都存在调节作用，当企业创新模式较好时，会在一定程度上削弱融资约束对企业绩效的负向作用。实证结果表明：中小企业创新模式越好，其融资约束越小，且随着时间推移影响效应逐渐减小；而对于创新型小企业来说，不同的创新模式会产生不同的影响，即由于研发投入、技术创新和市场开拓等因素所引起的正向影响显然大于逆向影响，同时，随着创新模式的发展变化，这种反向关系也在发生变化。

融资约束会对专精特新企业绩效起到抑制作用。专精特新企业是我国高新技术企业发展的后备力量。其存在的融资约束问题可以通过一些政策来改善。首先，在国家政策层面上可以完善小微企业统一信用评级和信用管理相关制度，针对不同级别企业设置专项融资渠道；其次，在地方政府政策层面可通过设立中小企业成长基金、加大财税支持力度等方式鼓励企业创新研发和扩大生产规模；最后，在金融机构政策层面应重点关注中小微企业在贷款利率下降以及银行机构风险偏好降低的情况下给予其适度信贷优惠，并引导资金投向专精特新企业。

13.1.6 "互联网＋"对企业绩效的影响

本章侧重点在于"互联网＋"对农业企业绩效的影响，其中，农业企业是指从事农业以及林业、牧业、渔业等的生产和经营的有法人资格的经济组织——商品率高、实行自主经营、有独立的经济核算能力。而"互联网＋"，是互联网思维的进一步实践成果，代表了先进的生产力，能够推动经济形态不断发生演变，为改革、发展、创新提供广阔的网络平台。企业绩效是指在一定经营期间的企业经营效益与经营者业绩。企业经营效益水平主要表现在盈利能力、资产运营水平、偿还债务能力以及后续发展能力等方面。经营者业绩主要体现经营者在经营管理企业的过程中对企业经营、成长、发展所作出的贡献和取得的成果。"互联网＋"的实现能从各个方面影响企业的盈利能力、资产运营水平等，从而影响农业企业绩效。

针对我国农业企业存在的企业规模小、发展空间小及融资难度大等三方面问题，并结合以原来没有运用"互联网＋"运营，近年来才采用这一运营方式的几家上市企业进行分析可以得出结论：这些农业企业在2014年以前的年度因保守的经营方式导致企业经济状况不稳定，经常出现亏损。通过对企业财务状况和财务报表中的一些指标进行分析可知，"互联网＋"对农业企业的绩效有正向的影响，在合理运用"互联网＋"运营之后，企业净利润收益率和总资产报酬率都提高了很多，企业绩效出现了巨大的提升，企业从而得到进一步的发展。

因此，通过对研究进行总结容易得出结论："互联网＋"有利于促进农业企业形成独有的、创新的商业模式，在"互联网＋"的带动下，农业企业正向着规模化、优质化、透明化的方向发展，"互联网＋"已成为传统农业企业电商发展的必然趋势，"互联网＋"运营在企业推广销售产品、推广企业文化等方面有着非常便捷而又出色的效果。从财务报表上的指标来看，通过"互联网+"运营可以使农业企业开辟多种销售渠道、提高利润、降低销售成本，从而提高企业净利润收益率和总资产报酬率，即企业绩效得到提高。所以为了我国农业企业更好地发展，"互联网+"农业企业的运作方式是非常有必要大力推行的。

13. 2　研究展望

笔者在内外部环境约束的条件下对企业经营与企业绩效的影响因素进行了分析，从绩效评价指标在战略管理维度上的分配、绩效评价指标在时间维度上的分配、绩效评价指标在组织结构维度上的分配这三方面构建总体的分析框架，以此为探究影响企业绩效的相关因素提供了逻辑性。从对内外部相关影响因素的作用情况进行实证研究，得出一些富有启迪的结论并提出提升企业绩效管理的对策建议，但由于笔者能力有限、研究数据获取不足等原因，在今后的研究中仍有许多值得进一步探讨的问题。

一是增加样本研究量。首先，本书研究样本多为单一企业或者某一类型企业，但其并不能广泛代表所有情况，对于研究样本的选取越多，研究的准确度和代表性都会有极大的提升。增加样本大小可以提高研究结果的准确性和可靠性，因为更大的样本可以更好地代表总体。其次，增加样本大小可以提高研究的统计功效，即能够更容易地检测到差异性或关联性。另外，大样本也可以帮助检测到小效应，这些效应可能被小样本研究所忽略。此外，较大的样本可以提供更多的信息，从而使人们更深入地了解不同因素之间的关系。最后，增加样本可以提高研究的外部有效性，即能够更好地将研究结论拓展到整个总体，而不仅仅是研究的样本。因此，在后续的数据计算中，可以选取出更多数量的、不同行业的科技型企业来作为样本数据，验证实验研究的准确性，同时也能够提高理论模型的准确性和普适性。

二是对于企业经营和企业绩效的影响因素及措施的探究仍需要进一步

加深。本书在企业绩效的影响因素及相关关系方面的研究并不充分，绩效管理涉及的因素较多，本书未能对企业绩效管理涉及的全部内容进行说明，虽然对大量文献资料进行了详细的查阅，但是在影响因素指标的选取上，关键绩效指标的选取并不充分，对于其他因素对绩效管理的影响并没有考虑周全，研究还有很大的操作性，在后续研究中可以探索更多的、更为全面的影响因素，选取更多的相关指标，为提高研究的深度和广度提供新的思路和新的参考。

参考文献

［1］阿布力孜·布力布力，马薇．基于企业创新性中介作用的管理层创新导向与企业发展关系研究［J］．企业经济，2019（6）：28-34.

［2］鲍明刚．走出绩效管理困局［J］．企业管理，2023（5）：32-35.

［3］彼德·F·德鲁克．公司绩效测评［M］．波士顿：哈佛商学院出版社，1999.

［4］蔡呈伟．论"互联网+"背景下竞争政策的意义［J］．现代经济探讨，2016（4）：20-24.

［5］蔡春花．商业模式数字化与企业绩效——基于"互联网+"板块259家上市企业的实证研究［J］．商业研究，2022（2）：1-11.

［6］曹文辉．浅析平衡计分卡［J］．财会月刊，2001（4）：17-18.

［7］曹艳蓉，齐红玉，李冰慧．股权激励是否提升了国企绩效？——基于企业异质性和契约异质性的经验证据［J］．中国注册会计师，2023（7）：47-58.

［8］陈海潮，王飞．高管背景特征、会计稳健性与融资约束——基于供给侧改革的背景［J］．财会通讯，2018（9）：21-23，47，129.

［9］陈丽姗，傅元海．融资约束条件下技术创新影响企业高质量发展的动态特征［J］．中国软科学，2019（12）：108-128.

［10］陈凌芹．绩效管理：成功通向完美经营的金字塔顶［M］．北京：中国纺织出版社，2004.

［11］陈其安，张国宏，赵旭．混合所有制国有企业公益性职能和所有权结构对经营绩效的影响：理论与实证［J］．中国管理科学，2024，32（11）：

78 – 91.

[12] 陈少晖, 陈平花. 国有企业并购重组的绩效差异评价与提升路径研究 [J]. 东南学术, 2020 (6): 85 – 95.

[13] 陈万思, 丁珏, 费晴. 高绩效工作系统对员工工作满意度的直接与间接影响研究 [J]. 管理学报, 2014, 11 (5): 696 – 703.

[14] 陈月, 马影. 互联网企业绩效管理的创新与启示——以阿里巴巴为例 [J]. 管理会计研究, 2019, 2 (2): 54 – 64, 87.

[15] 程平. 云会计环境下人、数据和系统对会计信息质量的影响 [J]. 重庆理工大学学报 (社会科学), 2016, 30 (7): 80 – 88.

[16] 程平, 赵敬兰. 大数据时代基于云会计的财务共享中心绩效管理 [J]. 会计之友, 2017 (4): 130 – 133.

[17] 程文质. 货币政策、融资约束与企业创新 [J]. 管理现代化, 2023, 43 (2): 71 – 79.

[18] 程云喜, 杨苗苗, 田炜巍. 企业软实力影响企业绩效的机理——一个基于顾客感知的实证研究 [J]. 河南工业大学学报 (社会科学版), 2015, 11 (1): 101 – 106.

[19] 池东生. 科技型民营中小企业融资风险管理研究 [J]. 质量与市场, 2021 (18): 76 – 78.

[20] 池国华, 邹威. 基于 EVA 的价值管理会计整合框架——一种系统性与针对性视角的探索 [J]. 会计研究, 2015 (12): 38 – 44, 96.

[21] 丹尼尔·A. 雷恩. 管理思想的演变 [M]. 北京: 中国社会科学出版社, 1986.

[22] 邓红平. 网络会计信息披露真实度评价及影响因素研究 [D]. 武汉: 华中科技大学, 2010.

[23] 董千里, 王东方, 于立新. 企业规模、企业社会责任与企业财务绩效关系研究 [J]. 技术经济与管理研究, 2017 (2): 23 – 28.

[24] 董淑兰. 生命周期视角下企业社会责任与绩效关系研究 [J]. 商业会计, 2015 (15): 6 – 9.

[25] 董文秀. 网络环境下会计信息系统内部控制研究 [D]. 长沙: 湖

南大学，2007.

[26] 董昕."互联网+"背景下饲料企业会计信息化的风险因素及预防措施 [J]. 中国饲料，2022（20）：71-74.

[27] 董雪芹. 中小企业绩效管理问题及对策研究 [J]. 商场现代化，2023（9）：64-66.

[28] 杜传文，黄节根. 货币政策、融资约束与企业投资 [J]. 财经科学，2018（4）：15-28.

[29] 杜国祥."互联网+"嵌入式发展背景下的会计信息原则的理论创新 [J]. 财会月刊，2018（1）：28-34.

[30] 杜杰. 对企业业绩管理方法的探讨 [J]. 中国煤炭，2005（2）：37+47.

[31] 段思凡. 基于我国制造业公司及利益相关者理论的实证分析——社会责任的承担对企业绩效的影响 [J]. 创新科技，2016（5）：33-36.

[32] 范意. 融资约束与企业创新 [J]. 财讯，2019（4）：93.

[33] 冯贤贤，郑强，袁新宇. 餐饮企业 ERP 系统有效实施对基层员工工作绩效的影响——以成都徐记家婆菜餐饮管理有限公司为例 [J]. 美食研究，2017，34（2）：41-46.

[34] 冯苑，聂长飞. 经济增长目标、融资约束与污染企业绿色技术创新 [J]. 中国环境管理，2023，15（3）：72-83.

[35] 傅鸿震，王启亮，叶永玲. 履行社会责任与提升企业绩效冲突吗？——商务模式的调节作用 [J]. 财经论丛，2014（6）：68-74.

[36] 高斌. 网络环境下的会计信息披露研究 [D]. 武汉：武汉大学，2005.

[37] 耿磊. 企业社会责任对企业绩效的影响研究 [J]. 企业导报，2013（1）：82-82.

[38] 顾娟. 绩效管理工作中目标管理法的应用探析 [J]. 现代营销（经营版），2020（45）：94-95.

[39] 郭海，韩佳平. 数字化情境下开放式创新对新创企业成长的影响：商业模式创新的中介作用 [J]. 管理评论，2019，31（6）：186-198.

[40] 郭静宝. 融资约束下研发投入与企业财务绩效研究 [J]. 合作经济与科学，2019 (4)：172 - 173.

[41] 郭玉杰. 国有企业绩效管理存在的问题及优化思路 [J]. 投资与创业，2023，34 (6)：134 - 136.

[42] 郝晓玲. 信息化绩效评价 [M]. 北京：清华大学出版社，2005.

[43] 郝阳，龚六堂. 国有、民营混合参股与公司绩效改进 [J]. 经济研究，2017，52 (3)：122 - 135.

[44] 贺婷. 企业社会责任在会计方面的研究 [J]. 商场现代化，2016 (2)：210 - 211.

[45] 赫连志巍，袁翠欣. 高端装备制造业创新团队胜任特征与企业绩效关系研究 [J]. 科学学与科学技术管理，2016，37 (2)：99 - 112.

[46] 胡爱萍. 基于 XBRL 的网络财务报告模式研究 [D]. 长沙：湖南大学，2006.

[47] 胡光志，胡显莉. "互联网 ＋" 时代的会计监管制度的思考——从会计变革到会计监管的转变 [J]. 政法论丛，2017 (6)：118 - 125.

[48] 胡恒强，范从来，杜晴. 融资结构、融资约束与企业创新投入 [J]. 中国经济问题，2020 (1)：27 - 41.

[49] 胡青. 企业数字化转型的机制与绩效 [J]. 浙江学刊，2000 (2)：146 - 154.

[50] 黄节根，吉祥熙，李元旭. 数字化水平对企业创新绩效的影响研究——来自沪深 A 股上市公司的经验证据 [J]. 江西社会科学，2021，41 (5)：61 - 72，254 - 255.

[51] 黄仁同. 偿债能力、会计稳健性与企业债务融资 [J]. 财会通讯，2018 (36)：21 - 25.

[52] 黄婷婷，高波. 金融发展、融资约束与企业创新 [J]. 现代经济探讨，2020 (3)：22 - 32.

[53] 黄晓治，刘得格，曹鑫. 企业社会责任与企业绩效：基于顾客信任与认同的研究 [J]. 商业研究，2015 (1)：150 - 159.

[54] 黄扬杰. 高校教师胜任力与创业教育绩效研究 [J]. 高等教育研

究，2020，41（1）：77-83.

[55] 黄智豪. 网络环境下企业财务信息管理模式研究 [J]. 经贸实践，2015（16）：1.

[56] 贾春香，刘艳娇. 公司治理结构对企业创新绩效的影响——基于研发投入的中介作用 [J]. 科学管理研究，2019，37（2）：117-121.

[57] 贾建锋，唐贵瑶，李俊鹏，等. 高管胜任特征与战略导向的匹配对企业绩效的影响 [J]. 管理世界，2015（2）：120-132.

[58] 贾建锋，闫佳祺，王男. 高管胜任特征与企业文化的匹配对企业绩效的影响 [J]. 管理评论，2016，28（7）：188-199.

[59] 蒋弘. 并购融资影响下的企业研发——以真实和粉饰的经营业绩为结果的分析 [J]. 科技管理研究，2021，41（6）：105-115.

[60] 金琳. 国有企业员工绩效管理的有效途径探讨 [J]. 商场现代化，2017（14）：155-156.

[61] 鞠晓生，卢荻，虞义华. 融资约束、营运资本管理与企业创新可持续性 [J]. 经济研究，2013（1）：4-16.

[62] 康茜. 企业社会责任、企业绩效的述评及展望 [J]. 商，2015（47）：16.

[63] 柯镇洪，黄悦，张文贤. 社会对账与信息沟通——如何根治会计信息失真的顽症 [J]. 会计研究，2000（5）：56-58.

[64] 可莘. Z 公司绩效管理优化研究 [D]. 成都：四川师范大学，2021.

[65] 孔大明. 浅析集团公司的绩效管理体系 [J]. 经济研究导刊，2014（18）：9-11，23.

[66] 孔东民，代昀昊，李阳. 政策冲击、市场环境与国企生产效率：现状、趋势与发展 [J]. 管理世界，2014（8）：4-17，187.

[67] 寇小萱，董奥博. 企业社会责任与企业绩效关系研究 [J]. 现代商贸工业，2013，25（6）：19-21.

[68] 雷钦华，苏时鹏. 绿色乐善的企业未来经济绩效会更高吗？——来自上市公司的经验证据 [J]. 资源开发与市场，2023，39（10）：1333-1342.

[69] 李百兴，王博，卿小权．企业社会责任履行、媒体监督与财务绩效研究——基于 A 股重污染行业的经验数据［J］．会计研究，2018（7）：64 –71.

[70] 李春瑜．国有企业特色治理与绿色绩效——基于重污染国有制造业上市公司的实证分析［J］．北京航空航天大学学报（社会科学版），2025，38（1）：39 –53.

[71] 李丹．提高国有企业绩效管理体系构建的对策研究［J］．中国市场，2023（17）：104 –107.

[72] 李冬伟，吴菁．高管团队异质性对企业社会绩效的影响［J］．管理评论，2017，29（12）：84 –93.

[73] 李富春．国有企业绩效管理存在的问题及优化路径研究［J］．河北企业，2023（5）：57 –59.

[74] 李惠丽．企业组织绩效管理体系优化研究［J］．现代商业，2023（8）：83 –86.

[75] 李晶晶．融资约束、无形资本与企业创新—来自中国上市企业的经验证据［J/OL］．调研世界，1 –11［2025 –02 –15］.

[76] 李砾．"互联网＋"背景下农业企业会计核算规范研究［J］．农业经济，2020（6）：68 –70.

[77] 李苹莉．经营者业绩评价：利益相关者模式［M］．杭州：浙江人民出版社，2001.

[78] 李倩．ERP 系统应用对会计信息质量的影响研究［D］．济南：山东大学，2014.

[79] 李维新，金瑛．企业业绩评价应注重非财务评价指标的运用［J］．商业研究，2005（24）：56 –57.

[80] 李文茜，贾兴平，廖勇海，等．多视角整合下企业社会责任对企业技术创新绩效的影响研究［J］．管理学报，2018，15（2）：237 –245.

[81] 李文勇，谭通慧，廖治学．西藏导游工作家庭冲突、组织公平与工作满意度的关系研究［J］．西藏大学学报（社会科学版），2019，34（3）：190 –199.

［82］李晓林.浅谈战略绩效管理［J］.商业经济，2014（15）：56－57.

［83］李新越.ERP应用对会计信息质量的影响［J］.商，2016（2）：1.

［84］李迎盈，邰晓红.我国企业绩效评价指标体系存在的缺陷及改进思路［J］.现代商业，2007（13）：129.

［85］李玉娟，任雪姣，郑宇轩.非控股大股东治理对"走出去"企业经营绩效的影响研究［J］.南京审计大学学报，2025，22（1）：43－53.

［86］李增泉.激励机制与企业绩效——一项基于上市公司的实证研究［J］.会计研究，2000（1）：7.

［87］梁星，王风华.ERP环境下提高会计信息质量的途径探析［J］.财务与会计，2013（1）：53－55.

［88］梁月娟.国有企业绩效管理困境及优化路径［J］.商场现代化，2022（22）：95－97.

［89］刘柏，琚涛.会计稳健性与公司融资方式选择：外源融资视角［J］.管理科学，2020，33（5）：126－140.

［90］刘迪，杨晓璇.会计稳健性对供应链金融信用风险的影响——基于管理层讨论与分析语调操纵的视角［J］.经济与管理，2025，39（1）：16－26.

［91］刘国林.我国现行企业绩效评价体系简介及分析［J］.现代商业，2007（16）：148－149.

［92］刘璘琳.产业异质性、技术创新与企业价值的关系研究［J］.技术经济与管理研究，2016（5）：8－15.

［93］刘龙龙.信息时代网络会计发展问题研究［J］.湖南城市学院学报（自然科学版），2016，25（1）：149－150.

［94］刘梅玲.会计信息化标准体系研究［D］.北京：财政部财政科学研究所，2013.

［95］刘祥娟.基于信息不对称的企业会计政策选择研究［D］.兰州：兰州大学，2007.

［96］刘小夕.创业企业的成长性及企业价值研究［J］.对外经贸，2016（2）：116－117，139.

[97] 刘晓婷. 国企改革背景下的企业创新和相对绩效评价——基于中国上市国有企业的实证研究 [J]. 中国注册会计师, 2020 (4): 50 - 54, 3.

[98] 刘炬. 现代企业业绩评价的新发展——EVA 指标与平衡记分卡法 [J]. 统计与决策, 2003 (11): 100 - 101.

[99] 刘迅, 王荷艺, 王怡馨. 互联网时代下网络会计的挑战及应对 [J]. 国际商务财会, 2016 (3): 81 - 84.

[100] 刘莹. 会计稳健性、股份回购与企业债务融资成本 [J]. 财会通讯, 2021 (17): 43 - 47.

[101] 刘正君. 浅谈基于胜任力构建饲料企业人力资源绩效管理体系 [J]. 中国饲料, 2020 (3): 87 - 91.

[102] 柳学信, 苗宁柠. 国有企业绩效评价 40 年的回顾与展望 [J]. 会计之友, 2018 (24): 154 - 159.

[103] 龙云飞. 企业绩效评价的新指标——EVA [J]. 商业研究, 2004 (13): 3.

[104] 陆桂贤. 我国上市公司并购绩效的实证研究——基于 EVA 模型 [J]. 审计与经济研究, 2012, 27 (2): 104 - 109.

[105] 陆庆平. 企业效绩评价是实行年薪制的重要基础 [J]. 国有资产管理, 2000 (1): 24 - 26.

[106] 吕恬歌, 贾臻, 罗青青, 等. 初级军官胜任力与工作绩效的关系: 人格和心理弹性的中介作用 [J]. 陆军军医大学学报, 2024, 46 (22): 2576 - 2581.

[107] 罗海燕. 企业业绩评价体系评述与改进建议 [J]. 卫生职业教育, 2009, 27 (23): 158 - 159.

[108] 马红, 王元悦. 金融环境、产融结合与我国企业成长 [J]. 财经科学, 2017 (1): 59 - 70.

[109] 马京华. 会计技术的发展对会计信息质量的影响 [D]. 北京: 首都经济贸易大学, 2005.

[110] 马静. 企业绩效管理体系的优化研究 [J]. 中国商论, 2017 (25): 116 - 117.

[111] 马相则, 王聪. 会计稳健性、碳信息披露与企业价值 [J]. 财会通讯, 2020 (7): 19 – 23.

[112] 茅宁. 企业价值创造与管理者博弈——对经济增加值方法的若干反思 [J]. 外国经济与管理, 2002, 24 (11): 11 – 17.

[113] 倪中新, 王大中, 武凯文. 企业社会责任、所有权属性与企业经营效率——《基于企业社会责任蓝皮书 (2009 – 2013)》 的经验证据 [D]. 2014 年第九届中国管理学年会.

[114] 聂军. 社会责任履行、市场分割与企业财务绩效 [J]. 技术经济与管理研究, 2023 (4): 44 – 50.

[115] 戚聿东, 蔡呈伟. 数字化对制造业企业绩效的多重影响及其机理研究 [J]. 学习与探索, 2020 (7): 108 – 119.

[116] 戚聿东, 蔡呈伟. 数字化企业的性质: 经济学解释 [J]. 财经问题研究, 2019 (5): 121 – 129.

[117] 邱静, 刘芳梅. 货币政策、外部融资依赖与企业业绩 [J]. 财经理论与实践, 2016, 37 (5): 31 – 37.

[118] 任杰, 陈晶. 债务融资成本与企业集团业绩传染 [J]. 现代管理科学, 2015 (12): 55 – 57.

[119] 石婷婷. 人力资本产权及激励制度创新——国有企业中褚时健、冯根生个案研究 [J]. 当代社科视野, 2001 (3): 20 – 23.

[120] 舒晓丽, 王娜, 叶茂林. 企业员工生涯适应力和职业满意度与工作绩效的关系 [J]. 中国心理卫生杂志, 2019, 33 (1): 77 – 79.

[121] 宋东风. 技术能力对企业创新绩效的影响——基于创新战略中介作用的分析 [J]. 科技进步与对策, 2012, 29 (15): 85 – 91.

[122] 宋丽红, 赵蕾, 包函可. 领导干部胜任力模型构建及其绩效应用研究——基于江浙沪三地职能部门领导干部的样本分析 [J]. 云南社会科学, 2023 (3): 71 – 79.

[123] 孙博, 刘善仕, 姜军辉, 等. 企业融资约束与创新绩效: 人力资本社会网络的视角 [J]. 中国管理科学, 2019, 27 (4): 179 – 189.

[124] 孙菁, 李琳. 混合股权、产品市场竞争与企业技术创新 [J]. 科

学决策，2018（2）：1－21.

[125] 孙静娟. 国有企业经营业绩评价模式创新研究 [J]. 财会通讯，2016（11）：59－61.

[126] 汤谷良，戴天婧. 中央企业 EVA 评价制度实施效果的理论解释 [J]. 会计研究，2015（9）：35－43，96.

[127] 汤临佳，王龙宇，俞灵丽. "固本"方能"枝荣"：民营企业慈善捐赠本地偏好对企业绩效稳定性的影响研究 [J]. 中国软科学，2024（8）：133－143.

[128] 唐金湘. "互联网＋农业"背景下饲料企业创业路径研究 [J]. 中国饲料，2020（11）：138－141.

[129] 唐玲. 大数据背景下企业人力资源绩效管理改进研究 [J]. 人力资源，2023（10）：90－92.

[130] 万从颖. 论西方企业经营业绩评价体系的发展 [J]. 黑龙江对外经贸，2007（2）：2.

[131] 万佳彧，周勤，肖义. 数字金融、融资约束与企业创新 [J]. 经济评论，2020（1）：71－83.

[132] 万莹仙. 企业业绩评价现状及分析 [J]. 商场现代化，2009（20）：2.

[133] 王光映. 企业绩效评估方法综述 [J]. 科技和产业，2005，5（1）：43－45.

[134] 王广宇，丁华明. 作业成本管理：内部改进与价值评估的企业方略 [M]. 北京：清华大学出版社，2005.

[135] 王军，韩晓宁，郝红菊. 实际获得与公平感知：新闻从业者的工资报酬与满意度研究 [J]. 新闻记者，2020（2）：53－63.

[136] 王美萃，闫瑞华. 环境管理者的胜任力与工作绩效的关系研究 [J]. 统计与信息论坛，2014，29（5）：91－97.

[137] 王铭泽. 企业高管业绩评价与激励机制设计——基于平衡计分卡的视角 [J/OL]. 会计之友，2023（S1）：154－161.

[138] 王清刚，李琼. 企业社会责任价值创造机理与实证检验——基

于供应链视角 [J]. 宏观经济研究, 2015 (1): 116 – 127.

[139] 王绍仁, 段云霞. EVA 在企业业绩管理决策中的应用分析 [J]. 商场现代化, 2006 (25): 133.

[140] 王文昌. 关于强化集团企业绩效管理的思考 [J]. 人力资源, 2023 (334): 160 – 162.

[141] 王晓明. 会计稳健性、融资方式与企业创新绩效 [J]. 财会通讯, 2020 (19): 25 – 28.

[142] 王筱萍. 不同经营风险下融资结构与经营业绩的关系——基于浙江省上市中小企业经验数据 [J]. 财会月刊, 2014 (16): 8 – 12.

[143] 王怡丹. 外部融资、技术创新研发与企业成长——银行信贷与技术研发交互作用的经验研究 [J]. 财经界, 2015 (3): 14 – 17.

[144] 王怡. 零售企业社会责任对经营绩效的影响——基于利益相关者与生命周期视角 [J]. 商业经济研究, 2022 (10): 125 – 128.

[145] 韦思佳. 基于平衡计分卡的企业业绩评价浅析 [J]. 中国商界(下半月), 2010 (9): 250 – 251.

[146] 卫娜, 陈虹. 企业社会责任与企业绩效的相关性研究 [J]. 商场现代化, 2015 (13): 99.

[147] 魏刚. 高级管理层激励与上市公司经营绩效 [J]. 经济研究, 2000 (3): 32 – 39, 64 – 80.

[148] 魏丽娟, 张晓峰. 网络环境下会计信息系统的特征及其发展趋势 [J]. 武汉理工大学学报(信息与管理工程版), 2005 (6): 130 – 132.

[149] 魏晓蓓, 王淼. "互联网 +" 背景下全产业链模式助推农业产业升级 [J]. 山东社会科学, 2018 (10): 167 – 172.

[150] 吴超鹏, 唐菂. 知识产权保护执法力度、技术创新与企业绩效——来自中国上市公司的证据 [J]. 经济研究, 2016, 51 (11): 125 – 139.

[151] 吴桂虹. 国有企业绩效管理激励机制分析 [J]. 商场现代化, 2020 (8): 103 – 104.

[152] 吴克烈. 企业社会责任初探 [J]. 企业经济, 1989 (8): 7 – 11.

[153] 吴林. 企业加强绩效管理的研究 [J]. 投资与合作, 2023 (5):

139 – 141.

[154] 吴山保，雷永超．新时期现代企业绩效管理工作创新策略研究 [J]．环渤海经济瞭望，2022（54）：62 – 64.

[155] 吴伟生，迟云平．"互联网＋"背景下农业企业品牌化建设与管理路径 [J]．农业经济，2021（7）：133 – 134.

[156] 肖志杰．企业的绩效管理与绩效评价 [J]．上海商业，2004（8）：53 – 57.

[157] 谢清喜．我国上市公司信息披露的有效性研究 [D]．上海：复旦大学，2005.

[158] 徐峰．人力资源绩效管理体系构建：胜任力模型视角 [J]．企业经济，2012，31（1）：68 – 71.

[159] 徐海峰，邓金丽．融资约束、产融结合与企业研发投入 [J]．科学研究所，2020，38（3）：109 – 113.

[160] 徐辉，周兵，任政亮．企业社会责任、薪酬差距与企业绩效——基于中介效应的实证研究 [J]．财会通讯，2015（30）：52 – 55.

[161] 徐添懿．林业企业竞争力评价指标设计研究 [J]．经济研究导刊，2018（29）：12 – 13.

[162] 徐艳．大数据时代企业人力资源绩效管理创新 [J]．江西社会科学，2016，36（2）：182 – 187.

[163] 徐兆铭．企业绩效与激励机制 [M]．北京：中国税务出版社，2006.

[164] 徐志鹏．国有企业绩效管理存在的问题及对策分析 [J]．企业文明，2022（7）：86.

[165] 许金龙．我国中小企业技术创新能力与融资约束——基于新三板上市中小企业面板数据的实证研究 [D]．成都：西南财经大学，2016.

[166] 许静．产业政策对企业绩效的影响机制研究——基于投融资视角 [J]．财会通讯，2023（6）：65 – 69.

[167] 薛琼，肖海林．企业社会责任与企业绩效关系：研究进展、理论综合和问题前瞻 [J]．现代管理科学，2015（5）：21 – 23.

[168] 颜爱民，李歌．企业社会责任对员工行为的跨层分析——外部荣誉感和组织支持感的中介作用 [J]．管理评论，2016，28（1）：121-129.

[169] 杨德明，刘泳文．"互联网+"为什么加出了业绩 [J]．中国工业经济，2018（5）：80-98.

[170] 杨典．公司治理与企业绩效——基于中国经验的社会学分析 [J]．中国社会科学，2013（1）：72-94，206.

[171] 杨尔稼，李路，肖土盛．会计稳健性一定降低债券融资成本吗？——来自我国信用债市场的证据 [J]．中央财经大学学报，2022（2）：54-64.

[172] 杨付，刘军，张丽华．精神型领导、战略共识与员工职业发展：战略柔性的调节作用 [J]．管理世界，2014（10）：100-113，171，187-188.

[173] 杨富．企业绩效研究评述比较与展望 [J]．会计之友，2016（3）：18-21.

[174] 杨健奎．国有大型企业经营绩效评价研究 [D]．北京：北京航空航天大学，2007：21-45.

[175] 杨健奎，郑晓齐．企业绩效评价与激励机制相关性分析 [J]．北京科技大学学报（社会科学版），2007，23（3）：26-29，33.

[176] 杨美丽．公司治理中的会计信息披露问题研究 [D]．泰安：山东农业大学，2006.

[177] 杨鸣京，程小可，李昊洋．机构投资者调研、公司特征与企业创新绩效 [J]．当代财经，2018（2）：84-93.

[178] 杨玉梅，李梦薇，熊通成，等．北京市事业单位人员总报酬对工作满意度的影响——薪酬公平感的中介作用 [J]．北京行政学院学报，2017，（1）：76-83.

[179] 杨中环．研发投入对企业价值影响的相关性研究——基于我国上市公司实施新会计准则后的实证检验 [J]．科技管理研究，2013，33（10）：42-45.

[180] 姚文英，段瑞艳．国有企业薪酬管制能缓解融资约束吗？——基于会计稳健性的中介效应 [J]．新疆大学学报（哲学·人文社会科学

版），2022，50（1）：1 – 10.

［181］姚雨秀，邓璐瑶．融资约束下的自主创新与合作创新［J］．中国集体经济，2020（16）：84.

［182］尹凌青．战略绩效考核［M］．北京：中国经济出版社，2006.

［183］应里孟．"互联网＋会计"下会计信息质量特征的新发展［J］．财会月刊，2018（7）：23 – 29.

［184］于潇，陈世坤．提高收入还是提高公平感？——对中国城乡劳动力工作满意度的考察［J］．人口与经济，2019（2）：78 – 91.

［185］余江，孟庆时，张越，等．数字创新：创新研究新视角的探索及启示［J］．科学学研究，2017，35（7）：1103 – 1111.

［186］喻雁．研发支出与企业绩效相关性的实证分析——以创业板上市公司为研究对象［J］．会计之友，2014（36）：58 – 61.

［187］袁利．集团企业绩效管理中存在的问题及对策［J］．全国流通经济，2021（34）：70 – 72.

［188］岳鹄，朱怀念，张光宇，等．网络关系、合作伙伴差异性对开放式创新绩效的交互影响研究［J］．管理学报，2018，15（7）：1018 – 1024.

［189］曾元，陈小军，黄安强．融资约束与企业创新：基于面板数据模型的实证分析［J］．管理评论，2024，36（11）：110 – 118.

［190］翟国宇，王妹．物流企业融资约束、研发投入和企业绩效研究［J］．物流科技，2020，43（11）：36 – 39.

［191］詹新．企业信息化投资价值和绩效关联性实证研究［J］．统计与决策，2019，35（6）：185 – 188.

［192］张宝生，祁晓婷．基于胜任力的地方政府在职公务员绩效评估研究［J］．科研管理，2017，38（S1）：171 – 175.

［193］张吉昌，龙静．数字化转型、动态能力与企业创新绩效——来自高新技术上市企业的经验证据［J］．经济与管理，2022，36（3）：74 – 83.

［194］张加乐，李志学．棉纺织企业互联网＋会计信息传递模型的探索［J］．棉纺织技术，2017，45（11）：81 – 84.

［195］张杰，芦哲，郑文平，等．融资约束、融资渠道与企业 R&D 投

入 [J]. 世界经济, 2012, 35 (10): 66 – 90.

[196] 张静, 韩雷. 基于企业社会责任基础之上的消费者对企业认同实证研究 [J]. 中州大学学报, 2011, 28 (3): 1 – 3.

[197] 张莉. 人力资本的产权特征 [J]. 世界经济情况, 2004 (14): 30 – 33.

[198] 张莉蓉. 我国中小企业融资问题及对策研究 [J]. 商讯, 2021 (27): 86.

[199] 张宁, 胡乃联, 李国清. 面向资源禀赋差异的企业经营绩效评价体系研究 [J]. 中国矿业, 2018, 27 (5): 66 – 71.

[200] 张倩, 李恩平. 组织公平对矿工不安全行为的影响机制 [J]. 煤矿安全, 2019, 50 (11): 244 – 248.

[201] 张晓凤. 科技型中小企业发展研究 [J]. 合作经济与科技, 2020 (9): 116 – 118.

[202] 张雪, 韦鸿. 企业社会责任、技术创新与企业绩效 [J]. 统计与决策, 2021, 37 (5): 157 – 161.

[203] 张兆国, 靳小翠, 李庚秦. 企业社会责任与财务绩效之间交互跨期影响实证研究 [J]. 会计研究, 2013 (8): 32 – 39, 96.

[204] 张芝兰. 基于战略的企业业绩评价体系构建研究 [D]. 西安: 西安建筑科技大学, 2004.

[205] 赵君, 廖建桥, 文鹏. 绩效考核目的的维度与影响效果 [J]. 中南财经政法大学学报, 2013 (1): 144 – 151.

[206] 赵科乐. 科技型中小企业融资现状及困境研究 [J]. 产业与科技论坛, 2019 (22): 2.

[207] 郑思晗, 施放, 张化尧, 等. 企业社会责任与企业绩效的关系——考虑组织学习与客户感知的中介作用 [J]. 技术经济, 2015, 34 (7): 116 – 121.

[208] 郑玉. 高新技术企业认定、外部融资激励与企业绩效——基于倾向得分匹配法（PSM）的实证研究 [J]. 研究与发展管理, 2020, 32 (6): 91 – 102.

［209］周浩明，夏敏．会计稳健性与企业融资效率的关系研究［J］．中南大学学报（社会科学版），2015，21（5）：162－168.

［210］周守华．国有企业绩效评价与经营者激励问题研究［D］．大连：东北财经大学，2000：22－35.

［211］朱斌，杜群阳．信息化投资、企业规模与组织绩效——基于浙江制造企业的数据［J］．东岳论丛，2018，39（5）：166－175，192.

［212］朱敏．破除创新企业融资约束［J］．新经济导刊，2018（7）：5.

［213］朱乃平，朱丽，孔玉生，等．技术创新投入、社会责任承担对财务绩效的协同影响研究［J］．会计研究，2014（2）：57－63，95.

［214］朱清香．新发展格局下企业绩效评价体系优化研究［J］．会计之友，2021（9）：2－9.

［215］朱焱，张孟昌．企业管理团队人力资本、研发投入与企业绩效的实证研究［J］．会计研究，2013（11）：45－52，96.

［216］邹南园，李露．科技型中小企业融资问题研究［J］．企业科技与发展，2020（11）：99.

［217］邹燕翎．试论如何完善企业业绩管理制度［J］．中国集体经济，2009（10）：52－53.

［218］Abdin J，Sharma A，Trivedi R，et al. Financing constraints，intellectual property rights protection and incremental innovation：Evidence from transition economy firms［J］．Technological Forecasting and Social Change，2024，198：122982.

［219］Abdullah H. Corporate social responsibility and firm performance from developing markets：The role of audit committee expertise［J］．Sustainable Futures，2024，8：100268.

［220］Abudy M M，Amiram D，Rozenbaum O，et al. Do executive compensation contracts maximize firm value？Indications from a quasi-natural experiment［J］．Journal of Banking & Finance，2020，114.

［221］A. C. Buledorn. A unified model of turn over from organization［J］.

Human Relations, 1982, 35: 135 – 153.

[222] Ahmed A S, Duellman S. Accounting Conservatism and Board of Director Characteristics: An Empirical Analysis [J]. Journal of Accounting and Economics, 2007, 43 (2 – 3): 411 – 437.

[223] Alam A, Uddin M, Yazdifar H, et al. R&D investment, firm performance and moderating role of system and safeguard: Evidence from emerging markets [J]. Journal of Business Research, 2020, 106 (1): 94 – 105.

[224] Alexander S, Ruderman M. The role of procedural and distributive justice in organizational behavior [J]. Social Justice Research, 1987, 1 (2): 177 – 198.

[225] Anna Bluszcz, Anna Kijewska. Factors Creating Economic Value Added of Mining Company [J]. Archives of Mining Sciences, 2016, 61 (1).

[226] Armstrong M, Baronl A Performance Management. [M]. London: The Comwell Press, 1998.

[227] Ball R, Kothari SP, Robin A. The Effect of International Institutional Factors on Properties of Accounting Earnings [J]. Journal of Accountancy, 2000, 29: 1 – 51.

[228] Ball R, Shivakumar L. Earnings quality in UK private firms: comparative loss recognition timeliness [J]. Journal of Accounting and Economics, 2005, 39 (1): 83 – 128.

[229] Barman S, Mahakud J. Corporate Social Responsibility and Financial Performance: Do Group Affiliation and Mandatory Corporate Social Responsibility Norms Matter? [J]. IIMB Management Review, 2024.

[230] Basu, S. The conservatism principle and the asymmetric timeliness of earnings [J]. Journal of Accounting and Economics, 1997, 24: 3 – 37.

[231] Beaver H W, Ryan G S. Conditional and Unconditional Conservatism: Concepts and Modeling [J]. Review of Accounting Studies, 2005, 10 (2 – 3): 269 – 309.

[232] Bonsón E. The Role of XBRL in Europe [J]. International Journal of

Digital Accounting Research, 2001, 1: 101.

[233] Bougheas S, H Goergand E Strobl. Is R&D Financially constrained? Theory and evidence from Irish manufacturing [J]. Review of Industrial Organization, 2003, 22 (2): 159 - 174.

[234] Boyatzis R E. The Competent Manager: A Model for Effective Performance [J]. Competent Manager A Model for Effective Performance, 1982, 9: 80 - 82.

[235] Buyya R, Yeo C S, Venugopal S, et al. Cloud computing and emerging IT platforms: Vision, hype, and reality for delivering computing as the 5th utility [J]. Future Generation Computer Systems, 2009, 25 (6): 599 - 616.

[236] Campbell, J. P. Modeling the performance prediction problem in industrial and organizational psychology. In M. D. Dunnette & L. M. Hough (Eds.) [J]. Handbook of Industrial and Organizational Psychology, 1990 (2): 687 - 732.

[237] Carpenter R E, Petersen B C. Is the growth of small firms constrained by internal finance? [J]. Review of Economics and Statistics, 2002, 84 (2): 298 - 309.

[238] Carroll A. A three-dimensional conceptual model of corporate performance [J]. The Academy of Management Review, 1979 (4): 132 - 146.

[239] Chen K C W, Wang J. Accounting-Based Regulation in Emerging Markets: The Case of China's Seasoned-Equity Offerings [J]. The International Journal of Accounting, 2007, 42 (3): 221 - 236.

[240] Christensen C M, Overdorf M. Meeting the Challenge of Disruptive Change [J]. Harvard Business Review, 2000, 78 (2): 67 - 76.

[241] Colmenares, Leopoldo. Benefits of ERP System for Accounting And Financial Management [J]. Allied Academies International Conference. Academy of Information and Management Sciences. Proceedings, 2009, 13 (1): 3 - 7.

[242] David Durand. Cost of debt and equity funds for business: Trends and Problem of Measurement [J]. Conference on Research in Business Finance, National Bureau of Economic Research, 1952: 215 - 247.

[243] Derchi G B, Zoni L, Dossi A. Corporate social responsibility performance, incentives, and learning effects [J]. Journal of Business Ethics, 2021, 173 (3): 617 – 641.

[244] Egemen M. Assessing the individual effects of different job satisfaction facets on the job performance of qualified employees in the unique conditions of the construction industry [J]. Ain Shams Engineering Journal, 2024, 15 (7): 102789.

[245] Fatima T, Elbanna S. Advancing sustainable performance management in the hospitality industry: A novel framework based on a health-inclusive balanced scorecard [J]. Tourism Management Perspectives, 2023, 48: 101141.

[246] Fazzari S M, Hubbard R G, Petersen B C, et al. Financing Constraints and Corporate Investment [J]. Brookings Papers on Economic Activity, 1988 (1): 141 – 206.

[247] Fortune A, Shelton L. R&D effort, effectiveness, and firm performance in the pharmaceutical sector [J]. Journal of Business and Management, 2012, 18 (1): 97 – 115.

[248] Friedlob G T, Schleifer L L F, Plewa Jr F J. Essentials of corporate performance measurement [M]. John Wiley & Sons, 2002.

[249] Gazi M A I, Yusof M F, Islam M A, et al. Analyzing the impact of employee job satisfaction on their job behavior in the industrial setting: An analysis from the perspective of job performance [J]. Journal of Open Innovation: Technology, Market, and Complexity, 2024, 10 (4): 100427.

[250] Goetz N, Wald A. Similar but different? The influence of job satisfaction, organizational commitment and person-job fit on individual performance in the continuum between permanent and temporary organizations [J]. International Journal of Project Management, 2022, 40 (3): 251 – 261.

[251] Gowthorpe C. Amat O External reporting of accounting and financial information via the Internet in Spain [J]. European Accounting Review, 1999, 8 (2).

[252] Gozgor G, Ho T, Li J, et al. The impact of energy diversification on firm performance: The moderating role of corporate social responsibility [J]. International Review of Financial Analysis, 2024, 96: 103704.

[253] Guo K, Bian Y, Zhang D, et al. ESG performance and corporate external financing in China: The role of rating disagreement [J]. Research in International Business and Finance, 2024, 69: 102236.

[254] Habib A, Oláh J, Khan M H, et al. Does Integration of ESG Disclosure and Green Financing Improve Firm Performance: Practical Applications of Stakeholders Theory [J]. Heliyon, 2025.

[255] Hadlock C J, Pierce J R. New Evidence on Measuring Financial Constraints: Moving Beyond the KZ Index [J]. Review of Financial Studies, 2010, 23 (5): 1909 – 1940.

[256] Hajivassiliou V, Savignac F. Novel Approaches to Coherency Conditions in LDV Models with an Application to Interactions between Financing Constraints and a Firm's Decision and Ability to Innovate [J]. LSE discussion papers, 2011, 36.

[257] Hansen R S., Crutchley C. Corporate Earnings and Financing: An Empircal Analysis [J]. Journal of Business, 1990, 63: 347 – 371.

[258] Hou C E, Lu W M, Hung S W. Does CSR matter? Influence of corporate social responsibility on corporate performance in the creative industry [J]. Annals of Operations Research, 2019, 278 (1): 255 – 279.

[259] Ibrahim M. The moderating effect of corporate governance on the relationship between corporate social responsibility and financial performance of listed non-financial services companies in nigeria [J]. International Journal of Accounting & Finance (IJAF), 2020, 9 (1).

[260] Jian M, Lee K W. CEO compensation and corporate social responsibility [J]. Journal of Multinational Financial Management, 2015, 29: 46 – 65.

[261] Johnson C C. Introduction to the balanced scorecard and performance measurement systems [J]. Balanced Scorecard for State-Owned Enterprises:

Driving Performance and Corporate Governance, ADB, 2007.

[262] Judge. School Cultures: Organization, Value, Orientation and Commitment [J]. Journal of Educational Research, 1999, 12 (5): 17-23.

[263] Kaplan S N, Zingales L. Do investment-cash flow sensitivities provide useful measures of financing constraints? [J]. The Quarterly Journal of Economics, 1997, 112 (1): 169-215.

[264] Kim H D, Kim T, Kim Y, et al. Do long-term institutional investors promote corporate social responsibility activities? [J]. Journal of Banking & Finance, 2019, 101: 256-269.

[265] Kim S J, Choi S O. The effects of job mismatch on pay, job satisfaction, and performance [J]. Journal of Open Innovation: Technology, Market, and Complexity, 2018, 4 (4): 49.

[266] Kim W S, Park K, Lee S H. Corporate social responsibility, ownership structure, and firm value: Evidence from Korea [J]. Sustainability, 2018, 10 (7): 2497.

[267] Kotane I, Kuzmina-Merlino I. Analysis of small and medium sized enterprises' business performance evaluation practice at transportation and storage services sector in Latvia [J]. Procedia Engineering, 2017, 178: 182-191.

[268] Kotarba M. Measuring digitalization-key metrics [J]. Foundations of Management, 2017, 9 (1): 123-138.

[269] Lamont O, Polk C, Saaá-Requejo J. Financial constraints and stock returns [J]. The Review of Financial Studies, 2001, 14 (2): 529-554.

[270] Lee J, Kwon H B, Pati N. Exploring the relative impact of R&D and operational efficiency on performance: A sequential regression-neural network approach [J]. Expert Systems with Applications, 2019, 137: 420-431.

[271] Lendel V, Varmus M. Evaluation of the innovative business performance [J]. Procedia-Social and Behavioral Sciences, 2014, 129: 504-511.

[272] Liao K, Liu H, Liu F. Digital transformation and enterprise inefficient investment: Under the view of financing constraints and earnings manage-

ment [J]. Journal of Digital Economy, 2023, 2: 289 – 302.

[273] Lin Cho-Min, Chan Min-Lee, Chien I-Hsin. The relationship between cash value and accounting conservatism: the role of controlling shareholders [J]. International Review of Economics and Finance, 2017 (7): 1 – 13.

[274] Li N, Wu D. Cross-shareholding, financing constraints and firm innovation efficiency [J]. Finance Research Letters, 2024, 62: 105091.

[275] Li W, Zhu J, Liu C. Environmental, social, and governance performance, financing constraints, and corporate investment efficiency: Empirical evidence from China [J]. Heliyon, 2024, 10 (22).

[276] Li Yan. Accounting Information System Design under Network Environment [Z]. Proceedings of 2015 International Conference on Advances in Mechanical Engineering and Industrial Informatics (AMEII 2015)

[277] Louis, H., Sun, A. X., & Urcan, O. Value of cashholdings and accounting conservatism [J]. Contemporary Accounting Research, 2012, 29 (4): 1249 – 1271.

[278] Lyle M. Spencer and Signe M. Spencer. Competence at Work: Models for Superior Performance [M]. John Wiley & Sons, 1993: 222 – 226.

[279] Makni R, Franeocur C, Bellavance F. Causality between Corporate Social Performance and Financial Performance: Evidence from Canadian Firms [J]. Journal of Business Ethics, 2009, 89 (3): 409 – 422.

[280] Margolis D J, Walsh P J. Misery Loves Companies: Rethinking Social Initiatives by Business [J]. Administrative Science Quarterly, 2003, 48 (2): 268 – 305.

[281] McClelland D. Testing for competence rather than for intelligence [J]. American Psychologist, 1973 (28): 1 – 14.

[282] Michelini L, Fiorentino D. New Business Models for Creating Shared Value [J]. Social Responsibility Journal, 2012, 8 (4): 561 – 577.

[283] Mjomba M M, Kavale S. Effects of enterprise resource planning on organisational performance on Kenya Power and Lighting Company: a case study of

Kenya Power and Lighting Company Voi branch [J]. International Journal of Advanced Research in Management and Social Sciences, 2015, 4 (10): 119 – 131.

[284] Modigliani, F. Miller, M. The Cost of Capital, Corporation Finance and the Theory of Investment [J]. American Economic Review, 1958, 48 (3): 261 – 297.

[285] Moon J, Shen X. CSR in China Research: Salience, Focus and Nature [J]. Journal of Business Ethics, 2010, 94 (4): 613 – 629.

[286] Morrison M. HBR Case Study: The Very Model of a Modern Senior Manager, Vol. 85 [J]. Boston, MA: Harvard Business Review, 2007, 27.

[287] Murphy K J. Corporate performance and managerial remuneration: An empirical analysis [J]. Journal of Accounting & Economics, 1985, 7 (1): 11 – 42.

[288] Myers, Stewart C. Majluf, et al. Corporate financing and investment decisions when firms have information that investors do not have [J]. Journal of Financial Economics, 1984, 13 (2): 187 – 221.

[289] Nagl L, Schmitz R, Warren S, et al. Wearable sensor system for wireless state-of-health determination in cattle [C]. Proceedings of the 25th IEEE EMBS Conference Cancun: IEEE EMBS: 17 – 21.

[290] Nong N M T, Phuong N Q, Duc-Son H. The effect of employee competence and competence-job-fit on business performance through moderating role of social exchange: A study in logistics firms [J]. The Asian Journal of Shipping and Logistics, 2024, 40 (4): 187 – 197.

[291] Olomu M O, Binuyo G O, Oyebisi T O. The adoption and impact of Internet-based technological innovations on the performance of the industrial cluster firms [J]. Journal of Economy and Technology, 2023, 1: 164 – 178.

[292] Pavlyk, V. P. Problems of efficient management of agricultural enterprises. [J]. Economy of AIC. 2015, (No. 11): 141 – 142.

[293] Pea – Assounga J B B, Sibassaha J L B. Impact of technological change, employee competency, and law compliance on digital human resource

practices: Evidence from congo telecom [J]. Sustainable Futures, 2024, 7: 100195.

[294] Ponkina, Elena, Vladimirovna, et al. The Impact of Technological and Socio-Economic Factors on the Efficiency of Agricultural Enterprises: Application of Stochastic and Deterministic Methods [J]. Research Journal of Applied Sciences: RJAS, 2015, 10 (4): 104 – 110.

[295] Ramasamy B, Yeung M C H, Au A K M. Consumer support for corporate social responsibility (CSR): the role of religion and values [J]. Journal of Business Ethics, 2010, 91: 61 – 72.

[296] Reichheld F F, Markey Jr R G, Hopton C. The loyalty effect-the relationship between loyalty and profits [J]. European Business Journal, 2000, 12 (3): 134.

[297] Rekker S A C, Benson K L, Faff R W. Corporate social responsibility and CEO compensation revisited: Do disaggregation, market stress, gender matter? [J]. Journal of Economics and Business, 2014, 72: 84 – 103.

[298] Richard S Williams. Performance Management [M]. London: Thomson Business Press, 1998.

[299] Richins G, Stapleton A, Stratopoulos T C, et al. Big data analytics: opportunity or threat for the accounting profession? [J]. Journal of Information Systems, 2017, 31 (3): 63 – 79.

[300] Ridge J W, Aime F, White M A. When much more of a difference makes a difference: Social comparison and tournaments in the CEO's top team [J]. Strategic Management Journal, 2015, 36 (4): 618 – 636.

[301] Roger P, Schatt A. Idiosyncratic risk, private benefits, and the value of family firms [J]. Finance Research Letters, 2016, 17: 235 – 245.

[302] Rohrbeck R, Kum M E. Corporate foresight and its impact on firm performance: Alongitudinal analysis [J]. Technological Forecasting & Social Change, 2018 (9): 127 – 135.

[303] Ruefli T W, Wiggins R R. Industry, corporate, and segment effects

and business performance: a non parametric approach [J]. Strategic Management Journal, 2003, 24 (9): 861 – 879.

[304] Sanford J. Grossman, Oliver Hart, John McCall. Corporate Financial Structure and Managerial Incentives. The Economics of Information and Uncertainty. [M] University of Chicago Press, 1982.

[305] Schaefers A, Bougioukos V, Karamatzanis G, et al. Prediction-led prescription: optimal Decision-Making in times of Turbulence and business performance improvement [J]. Journal of Business Research, 2024.

[306] Schuler R S, Walker J W. Human resources strategy: Focusing on issues and actions [J]. Organizational Dynamics, 1990, 19 (1): 5 – 19.

[307] Sheikh M F, Shah S Z A, Akbar S. Firm performance, corporate governance and executive compensation in Pakistan [J]. Applied economics, 2018, 50 (18): 2012 – 2027.

[308] Sheldon O. The philosophy of management [M]. London: Isaac Pitman & Sons, 1924: 24 – 31.

[309] Shi W, Connelly B L, Sanders W G. Buying bad behavior: Tournament incentives and securities class action lawsuits [J]. Strategic Management Journal, 2016, 37 (7): 1354 – 1378.

[310] Shleifer, A. , Vishny, R. W. Larger Shareholders and Corporate Control [J]. Journal of Political Economy, 1986, 94: 461 – 488.

[311] Silva F, Carreira C. Do financial constraints threat the innovation process? Evidence from Portuguese firms [J]. Economics of Innovation and New Technology, 2012, 21 (8): 701 – 736.

[312] Skorecova E, Farkasova M. Variant calculation system - the instrument of economic performance management of a multifunctional agricultural enterprise. [J]. Agricultural Economics, 2008, 54 (8): 376 – 383.

[313] Soana M. G. The Relationship between Corporate Social Performance and Corporate Financial Performance in the Banking Sector [J]. Journal of Business Ethics, 2011, 10 (4): 133 – 148.

［314］Suprit M，Damodar S. Does corporate social responsibility influence firm performance of Indian companies ［J］. Journal of Business Ethics，2010 （1）：29 – 54.

［315］Tang L P，Baldwin L J. Distributive and Procedural Justice as Related to Satisfaction and Commitment ［J］. Sam Advanced Management Journal，1996，61（3）：25 – 31（3）.

［316］Thomas J Bergmann. Compensation Decision Making ［M］. 北京：中信出版社，2004.

［317］Valentinetti D，Rea A M. XBRL for Financial Reporting：Evidence on Italian GAAP versus IFRS ［J］. Accounting Perspectives，2013，12（3）：237 – 259.

［318］Verčič A T，Čorič D S. The relationship between reputation，employer branding and corporate social responsibility ［J］. Public Relations Review，2018，44（4）：444 – 452.

［319］Vithessonthi C，Racela O C. Short-and long-run effects of internationalization and R&D intensity on firm performance ［J］. Journal of Multinational Financial Management，2016，（34）：28 – 45.

［320］Wang J S，Liu C H，Chen Y T. Green sustainability balanced scorecard—Evidence from the Taiwan liquefied natural gas industry ［J］. Environmental Technology & Innovation，2022，28：102862.

［321］Xiao H，Al Mamun A，Reza M N H，et al. Modeling the significance of corporate social responsibility on green capabilities and sustainability performance ［J］. Heliyon，2024，10（19）.

［322］Xu Y P，Wang H，Wang J T. The Reach of Internet Financial Reporting ［Z］. Proceedings of 2011 3rd IEEE International Conference on Information Management and Engineering，2011，3.

［323］Yamina A，Mohamed B. The impact of firm performance on executive compensation in France ［J］. Mediterranean Journal of Social Sciences，2017，8（2）：63.

[324] Yermack D. Corporate governance and blockchains [J]. Review of Finance, 2017, 21 (1): 7 – 31.

[325] Zhang J. The contracting benefits of accounting conservatism to lenders and borrowers [J]. Journal of Accounting and Economics, 2007, 45 (1): 27 – 54.

[326] Zhang W, Zhao Y, Meng F. ESG performance and green innovation of Chinese enterprises: Based on the perspective of financing constraints [J]. Journal of Environmental Management, 2024, 370: 122955.

[327] Zhang Z. Can energy internet improve corporate ESG performance? —Evidence from Chinese high energy-consuming companies [J]. Heliyon, 2024, 10 (2).

[328] Zhu Y X, Lee S J, Zhang J Q. Performance evaluation on supplier collaboration of agricultural supply chain [J]. International Journal of Information Systems and Change Management, 2016 (8): 23 – 36.